CHOSES
ET
GENS DE THÉATRE

PAR

PAUL GINISTY

PARIS
LIBRAIRIE ACADÉMIQUE DIDIER
PERRIN ET Cie, LIBRAIRES-ÉDITEURS
35, QUAI DES GRANDS-AUGUSTINS, 35
—
1892
Tous droits réservés.

CHOSES & GENS DE THÉATRE

A Monsieur J. REINACH

Directeur de la *République française*

EN SIGNE D'AMICAL DÉVOUEMENT

CHOSES ET GENS DE THÉATRE

I

LES DOYENS DU THÉATRE FRANÇAIS

I

ANTOINE DE MONTCHRESTIEN

On peut s'éprendre de cette figure de poète, qui ne se borna pas à faire de la tragédie au théâtre, mais qui en fit aussi dans sa vie. Elle est par là doublement intéressante, la physionomie du vieux rimeur d'*Hector*, de *la Carthaginoise*, de *l'Écossaise*, des *Lacènes*, d'*Aman*.

Avant Corneille, nul poète dramatique n'a jeté, au milieu d'un fatras pompeux, plus de vrais beaux vers; nul n'a été plus lyrique, en dépit de son manque de mesure et de convenance. « Montchrestien est une première ébauche de Corneille, a écrit excellemment son historien M. Petit de Julleville; la nature, en le faisant, s'est essayée à faire un grand homme. Le moule est à peu près le même : seulement, la médaille est fruste. » On ne saurait rien dire de plus juste et de plus expressif en peu de mots.

Voilà pour le poète, mais l'homme d'action, en Montchrestien, l'homme au cerveau prodigieusement actif, aux curiosités universelles, est singulièrement attachant. Il touche à tout; il passe des jeux sereins de la poésie à des études d'économie politique. Il prêche d'exemple lui-même; il se fait industriel. Mais la lutte l'attire : il se jette dans la mêlée des partis, le voici soldat, chef de partisans. Il fait de l'épique à sa façon; il tient la campagne avec une bande d'aventuriers; il prend des villes, il se bat avec une belle furie, et ce remuant personnage est tué, brusquement, dans un guet-apens

Véritable héros de roman, il a en lui tout ce qui peut retenir l'intérêt. Un certain mystère plane sur son origine, sur son nom authentique, sur ses amours, auxquelles il fait des allusions qui ne se comprennent plus. Il n'est pas irréprochable, mais il est prodigieusement « vivant », et, même en l'époque où il suivit sa destinée, peu de gens se dépensèrent aussi ardemment que lui. Il n'est pas un « bohème » (si on peut employer, en dépit de l'anachronisme, cette expression) comme Hardy, suivant, par amour du vert laurier, la troupe de comédiens nomades auxquels il fournit des tragédies. Il a la passion de l'aventure, de l'imprévu, de l'extraordinaire...

D'abord, qui est-il, au vrai ? On ne le sait point. Son père, sans raconter à personne son passé, en gardant sur son existence un silence singulier, vient, un jour, s'établir à Falaise comme apothicaire. Mais, sans attacher trop d'importance aux discutables lois de l'atavisme, il semble que le père d'un aussi audacieux compagnon ne pouvait avoir été, de son plein gré, un humble vendeur de drogues. Pourquoi se cachait-il, pourquoi était-il venu moins se fixer que se réfugier dans ce pays normand, où il n'avait pas d'attaches? Tout ceci laisse le champ libre à bien des hypothèses. Le nom de l'apothicaire était-il, en outre, Montchrestien (nom sur lequel un admirateur du poète devait jouer, plus tard, assez ridiculement, malgré ses bonnes intentions, en l'opposant au mont Parnasse) ou Mauchrestien ?

Quoi qu'il en soit, Antoine de Montchrestien — nous l'appelons ainsi, puisque c'est ce dernier nom qu'il adopta — demeurait bientôt orphelin. Il n'avait pas de parents qui se pussent occuper de son enfance. Le procureur du roi à Falaise lui commit, comme tuteur, un voisin qui ne se soucia pas beaucoup de ses devoirs. S'il n'eût pas été pris en amitié par deux jeunes garçons de son âge, les frères de Tournebu, son éducation eût été vraisemblablement fort sommaire. Ceux-ci l'emmenèrent avec eux au collège de Caen, où il les suivit comme domestique, partageant leurs études.

Dans leur compagnie, Montchrestien prend le goût de la gentilhommerie. Comme l'imagination ne lui manquait pas, il s'invente un fief, le fief de Vateville, dont il eût été fort embarrassé de désigner la situation, et il se met à porter l'épée. Il pensait sans doute, lui aussi, que tout poète naît de droit gentilhomme; mais, cette épée, ce n'est point seulement, pour lui, agrément de costume. Il s'en sert volontiers, avec une belle fougue, si bien que, un jour, il se bat, seul, contre le baron de Gouville, lequel était assisté d'un serviteur et de son beau-frère. La lutte était par trop inégale; Montchrestien est laissé pour mort.

Il ne meurt pas, cependant, et, pendant sa convalescence (ici apparaît un côté pratique de son esprit), il réfléchit aux moyens de tourner cet accident au mieux de ses intérêts. Il n'avait pas un sol vaillant. Il intente un procès au baron, le gagne, obtient 12.000 livres d'indemnité, avec lesquelles « il fait l'homme de moyens ». Comme si ces 12.000 livres dussent durer toujours, il mène grand train, achète des maisons dans la vicomté de Falaise, joue au personnage. Le Normand se retrouve un moment en lui par son goût des procès. Il plaide contre son tuteur, pour son compte, et, pour le compte d'une belle jeune femme, mal mariée, contre le mari de celle-ci. Le mari meurt sur ces entrefaites et il l'épouse, mais clandestinement. Selon lui, une de ses premières pièces, sa *Bergerie*, contient le récit allégorique de cette aventure d'amour :

> L'aveugle enfant qui les dieux seigneurie
> Et tient la terre en sa possession
> M'a fait écrire en cette Bergerie,
> Sous des noms feints, ma vraye passion...

Il est assez malaisé, toutefois, de démêler une histoire réelle sous ces complications mythologiques, sous ces fantaisies d'oracle de Diane, ces sacrifices exigés par la déesse.

Ce n'était pas, cette *Bergerie*, le premier ouvrage de Montchrestien, encore qu'il soit plus médiocre que les autres. Déjà il avait fait représenter à Caen une *Sophonisbe*, qu'il remania plus tard. La représentation fut-elle publique?

Le point serait intéressant à élucider au point de vue de notre histoire théâtrale. Toujours est-il que la tragédie est dédiée à M*{me}* de la Vérune, femme du gouverneur de Caen.

C'est la période de production dramatique de Montchrestien. Qu'on songe qu'il n'avait guère plus de vingt-cinq ans lorsqu'il imprima son théâtre, composé de six tragédies, attestant « un effort continu vers le sublime ». Le trait commun de ses héros, en effet, c'est la grandeur stoïque. En face de la mort, ils n'ont ni regrets ni faiblesse ; ils l'acceptent dédaigneusement.

Il n'est plus grand malheur que de perdre la vie,

dit un des personnages d'*Hector*. Et un autre lui répond :

Encore d'un plus grand est la honte suivie...

Ce qui est curieux, chez Montchrestien, c'est la sincérité que l'on sent, manifestement, dans ces réponses épiques. Elles sont autre chose, chez lui, que « de la littérature ». Au reste, il est plein de naïvetés et d'anachronismes, et il fera ainsi des allusions aux « canons » des Troyens. Ces détails ne l'embarrassent point.

Le chœur, dans ses tragédies, joue un grand rôle. Il atténue sans doute le côté dramatique retardant la marche de l'action, mais il atteint, souvent, à de véritables hauteurs lyriques, avec une énergie d'accent qui sauve ses réflexions de la banalité. Ces réflexions ont, en général, un certain pessimisme, mais un pessimisme orgueilleux.

Une entreprise, qui n'était pas sans hardiesse, était de mettre à la scène l'aventure tragique, récente alors, de Marie Stuart. La trame de la pièce est d'une simplicité extrême, d'une simplicité qui va jusqu'à la monotonie. Élisabeth est balancée entre ses intérêts politiques et son désir du pardon. Finalement, ses conseillers, prenant la parole dans un chœur assez bizarrement dénommé « chœur des états », lui arrachent la sentence fatale. On ne la voit plus, et alors paraît Marie Stuart, qui est parfaitement touchante et digne. Elle est lasse de la vie, elle console ses fidèles, elle se prépare à la mort avec résignation, elle est pleine de royale grandeur et de sérénité ; elle songe à la France, qu'elle a tant aimée ; et, bien que la scène ait peu de mouvement, l' « Écossaise » se montre là dans son humanité véritable.

La tragédie se termine par un récit. Un messager vient raconter le supplice de la reine, dit sa beauté brillant d'un nouvel éclat au seuil du tombeau :

                      Encor qu'elle soit pâle,
Non de la mort hastée en sa jeune saison,
Mais de l'ennui souffert en sa longue prison...

Il dit ses adieux à ses femmes, les prières qu'elle adresse au ciel, après avoir refusé l'assistance du chapelain qui ne partage pas sa foi, et ce sourire de martyre qu'elle a eu, au moment suprême :

Comme tous demeuroient attachez à sa veüe
De mille traits d'amour mesme en la mort pourveüe,
D'un aussi libre pied que son cœur était haut,
Elle monte au coupeau du funebre eschaffaut,
  Puis, souriant un peu du cœur et de la bouche :
« Je ne pensois mourir en cette belle couche,

Mais, puisqu'il plaist à Dieu, usez ainsy de moi,
Je mourray pour sa gloire en deffendant ma foy... »

Tous les traits essentiels du caractère de Marie Stuart sont reproduits dans l'œuvre de Montchrestien. C'est là qu'il a été le plus réellement poète, avec, parfois, des délicatesses singulières ; je dis « poète » et non homme de théâtre, car, encore une fois, l'action est languissante, mais ce sont, presque à tout moment, d'heureuses et fières inspirations.

Tel, à un degré moindre, il se montrera dans *la Carthaginoise* et dans *les Lacènes*, qui évoquent la mort désespérée du dernier roi de Sparte, Cléomène, prisonnier de Ptolémée et tentant d'affranchir à la fois Sparte et Alexandrie. Puis il a l'idée bizarre, mais non banale, de mettre à la scène David et Bethsabée, partagée (situation curieuse, en somme) entre le regret de son époux et l'amour de son royal amant. Les commentateurs de Montchrestien trouvent, généralement, cette tragédie assez faible. Elle est, de fait, d'une composition assez baroque et elle mêle cavalièrement la mythologie à la Bible ; mais, quoi qu'on dise, Bethsabée est là très « vivante », et j'ajouterai « très femme ».

Enfin il donne son *Aman*, dont Racine se souviendra peut-être, sans reconnaître ce qu'il doit à son devancier.

Mais voici qu'un événement dramatique interrompt Montchrestien dans la composition de ses tragédies. Nous avons dit qu'il avait la tête près du bonnet et que, à force de jouer au gentilhomme, il s'était pris au sérieux. Cette épée, qu'il portait au côté, devait lui jouer plus d'un mauvais tour. A Bayeux, il se prend de querelle avec le fils du sire de Grichy, et il le tue net. Cette fois, il tombe sous le coup des édits sévères de Henri IV. Quelque temps auparavant, il avait adressé des vers au roi où, ce qui était vraiment aventureux, il l'avait loué de réunir :

L'innocence des mœurs au lustre du sçavoir.

Transformer le vert-galant en un chaste prince était une témérité poétique un peu vive !

En cette occurrence, il trouva des accents d'une certaine noblesse pour implorer sa grâce. Il suppliait le roi de lui épargner une peine infamante, et il était assurément sincère, quand il protestait de son désir d'expier, en face de l'ennemi, le crime qu'il avait commis, puisque crime il y avait alors dans un duel :

> Permettez à mes vœux que, pour votre service,
> Au milieu des combats bravement je finisse ;
> Que dans le champ d'honneur, jà suant et poudreux,
> J'aille verser mon sang bouillant et généreux,
> Armé sur un cheval, en tenant une pique,
> Non sur un échaffaud, en vergogne publique...

Mais le roi fut inflexible, ou ces vers ne lui parvinrent pas : Montchrestien dut se réfugier en Angleterre. Il se rappela sa tragédie de *l'Écossaise* et obtint l'intervention du fils de Marie Stuart, Jacques Ier, qui ne pouvait pas refuser son appui au poète qui avait fait parler si dignement sa mère. Montchrestien peut revenir en France ; mais voici la chose singulière. Il semble, tout à coup, ne plus songer à la poésie et, dans son activité inquiète, il se tourne vers une science alors toute nouvelle, l'économie politique. M. Funck-Brentano, qui a réédité ce traité de Montchrestien, a montré que tout ce qui s'est écrit, depuis deux siècles, sur cette matière infinie et complexe, était au moins en germe chez lui. Le poète fougueux apparaît tout à coup comme un philosophe très sage, très pondéré, animé, en outre, d'un patriotisme ardent, rêvant une expansion coloniale de la France, estimant que, si notre race se confine en ses frontières, elle perdra sa prééminence en Europe. Dans ses écrits politiques, il est singulièrement moderne.

Puis, voici une autre incarnation. Montchrestien s'établit à Ousonne, puis à Châtillon-sur-Loire, et dirige des aciéries, qui le font d'ailleurs médiocrement prospérer, car il est bientôt obligé d'éteindre ses forges. Que va-t-il faire, alors, dans la force de l'âge, avec le goût des aventures, comme il l'a ? L'assemblée des protestants de la Rochelle venait — c'était en 1621 — d'adresser au roi des remontrances hautaines, bientôt suivies d'une insurrection. Montchrestien, qui n'était peut-être pas protestant de naissance, va, par instinct, par besoin de mouvement, par amour de l'action, se joindre aux rebelles. En fait, il était, en matière religieuse, assez tiède. « Il n'était pas tant huguenot et zélé en sa religion, » assure un de ses adversaires lui-même.

Assurément, il est plus chevaleresque que convaincu, à ce moment. Peut-être ne voit-il qu'une occasion de faire la guerre. Il réunit deux cents hommes, s'improvise capitaine, se jette dans Jargeau qui venait de capituler devant l'armée royale, y grossit sa petite troupe de quelques audacieux de son espèce, devient ouvertement un révolté, tient la campagne, gagne Sancerre et met la place en état de défense, puis se heurte aux cinq mille hommes du prince de Condé. Peut-être, au fond, n'a-t-il jamais été aussi heureux que dans ces circonstances critiques. Au milieu de ces périls, il se sent vraiment dans son élément.

Forcé de quitter Sancerre, il se rend à la Rochelle, où il se porte témérairement garant des bonnes dispositions de la Normandie; on lui délivre des commissions pour lever des régiments de gens de pied et des compagnies de chevau-légers. Il déploie une furieuse activité, ne prenant pas toujours le temps de bien choisir ses soldats, dont beaucoup le trahissent, dès qu'ils ont reçu l'argent qu'il leur remet. Car son désintéressement ne peut pas être mis en doute ; il est, au contraire, trop confiant. Il a donné rendez-vous à ses troupes dans la forêt de Domfront ; il se croit sur le point de commander à de nombreuses forces, et son imagination s'exalte. Remarquez que, chez lui, en cette période de sa vie, l'imagination joue un rôle considérable. Moins poète, il eût été plus prudent.

Une nuit d'octobre, il s'en va, avec six de ses officiers et son valet, coucher au bourg des Tourailles. L'hôte le trouve suspect et va prévenir le seigneur des Tourailles, Claude Turgot, qui accourt avec une vingtaine de gentilshommes qu'il a ralliés. Il entre dans l'hôtellerie, qu'il a fait cerner. Montchrestien ne s'effraye point, exhorte ses compagnons et tente, avec eux, de se frayer un passage, en déchargeant ses pistolets. Trois de ses adversaires tombent morts, en effet, mais il est bientôt atteint de deux coups de pertuisane, et il expire... Ainsi périssait, victime, en réalité, moins de sa foi que de son humeur aventureuse, le poète tragique qui, si souvent, avait répété qu'il valait mieux mourir honorablement que vivre obscurément.

On s'acharna sur son cadavre. On instruisit, à Domfront, son procès après sa mort, et son corps fut traîné sur la claie, puis brisé et réduit en cendres. C'étaient beaucoup d'opérations barbares sur ce pauvre corps, réclamé, en outre, trop tardivement, pour qu'il subît d'autres affronts, par le Parlement de Rouen. Après tout, Montchrestien, qui avait vraiment de l'épique en lui, eût-il souhaité une autre fin qu'une fin violente ? Il n'était pas homme à mourir bourgeoisement dans son lit. Malherbe, qui l'avait bien accueilli, jadis, le renia cavalièrement, après sa mort, et, par prudence, déclara qu'il ne l'avait vu que deux ou trois fois, par hasard, et que, au surplus, « la Normandie allait être en repos, désormais ». Ce fut toute l'oraison funèbre de Montchrestien !

Il méritait de sortir de l'oubli où il était tenu, ce poète à l'existence romanesque, qui fut vraiment un précurseur, qui prépara le terrain, au sortir d'une période littéraire confuse, à ceux qui devaient devenir des maîtres incontestés, et qui chercha, trop pressé, la renommée partout où l'emportait son ardent tempérament. Ce fut, en tout, la mesure qui lui manqua ; mais que de vie il'y avait chez ce batailleur de la plume et de l'épée !

II

ALEXANDRE HARDY

I

Le poète Alexandre Hardy est une des figures les plus intéressantes et les plus importantes aussi de l'histoire de notre théâtre, que peut-être il a sauvé, en cette fin du seizième siècle, où le théâtre populaire était ruiné, où le théâtre savant était fort compromis. La situation était critique. Le théâtre. en cette période intermédiaire, « se mourait de faiblesse et d'inanition ». Hardy, avec sa prodigieuse fécondité qui le fait, par certains côtés, ressembler à un Lope de Vega, alimenta seul, pendant des années, l'hôtel de Bourgogne, produisant assez pour retenir un public restreint et frivole, lui donnant tour à tour des tragicomédies, des pastorales, des pièces mythologiques, assurant la vie de cette unique scène au point de vue matériel. Et, en même temps, il offrait aux esprits cultivés une « suffisante dose de littérature » pour que la société aristocratique se hasardât dans cette salle de spectacle. Du même coup, il se suscitait des imitateurs, et les hommes de goût et de talent se mettaient à écrire pour le théâtre, qu'ils dédaignaient depuis longtemps. L'influence de Hardy, bien qu'il soit malaisément lisible aujourd'hui, a donc été considérable. Il se trouve jouer, encore qu'une parfaite admiration à son égard soit difficile, un rôle exceptionnel dans nos annales dramatiques.

La physionomie de l'homme, quand on l'étudie d'un peu près, finit par être touchante. C'est l'ancêtre des auteurs dramatiques de profession, mais combien modestes sont les prétentions de ce rimeur qui, après cinq cents ouvrages, reste gueux, n'ayant rien à attendre que des comédiens aux gages de qui il est !

Et ceux-ci, bien qu'ils le paient mal (sans que ce soit tout à fait de leur faute, ayant souvent à jeûner eux-mêmes), sont exigeants. Il leur faut sans cesse du nouveau, et leur poète, se résignant à des besognes ingrates, se prêtant à toutes les tâches, remet sur pied d'anciens ouvrages, doit travailler dans le vieux comme dans le neuf. Cependant, le pauvre Hardy, toujours dans la gêne, car ils sont vite dépensés, les quelques écus qu'il reçoit en échange d'une tragédie ! songe à la gloire. Il veut laisser un nom à la postérité et, au milieu de tant d'occupations et de tracas, il prépare péniblement une édition de ses œuvres. Il a, pour cela, besoin d'argent, et il s'ingénie en des dédicaces à des puissants du jour, où il leur décerne d'invraisemblables éloges dans un style furieusement hyperbolique. Ainsi M. de Barradas, premier écuyer, qui n'était qu'un sot et un brutal, et que Richelieu appelait « ce potiron de Barradas », devenait, pour Hardy, un protecteur éclairé, « un des signes du soleil », une lumière du siècle. Il devait souffrir, le pauvre poète, en s'humiliant, lui dont le rude talent n'était pas sans fierté, devant ces gentilshommes, fort indifférents aux choses de l'esprit dont il flattait la vanité. Mais c'était pour l'amour du laurier, pour l'espoir de braver le temps par la publication de son théâtre. Hélas ! ils se bornaient, ces seigneurs tant loués, avec les plus étonnantes métaphores, à un dédaigneux présent. Hardy ne rencontra jamais un véritable Mécène.

Hardy a trouvé en ce temps-ci, en M. Rigal, maître de conférences à la Faculté des Lettres d'Aix, son historien attentif, et ce travail de M. Rigal est tellement nourri et abondant et, à propos de Hardy, se lance en de si copieux aperçus sur le théâtre français à la fin du seizième siècle, qu'on est un peu embarrassé, au milieu de cette richesse de documents.

Vous plaît-il que nous évoquions exactement une représentation de l'hôtel de Bourgogne, tandis que l'on joue une pièce de notre poète ? En réunissant les indications semées çà et là dans l'ouvrage, nous pouvons reconstituer ce tableau d'ensemble.

Il est deux heures. Le portier vient d'ouvrir la grande porte. Mais les comédiens n'ont point les moyens de payer plusieurs « officiers de théâtre », et c'est Valderan lui-même, le chef de la troupe, qui reçoit l'argent des spectateurs. Hélas ! il est exposé à bien des déceptions, outre qu'il y a quantité de places à réserver gratuitement, par contrats bien en forme. Voici des mousquetaires qui passent, dédaignant de fouiller en leur poche pour en tirer les dix sous qu'il en coûte pour être assis dans une loge; des écoliers qui demandent crédit; des laquais qui se faufilent, des filous qui se préparent à quelque mauvais coup. Les boutiquiers qui se donnent le divertissement du spectacle, les petits bourgeois, sont à peu près les seuls clients qui délient les cordons de leur bourse. Pas de femmes; ou du moins pas de femmes de quelque rang. Il est encore admis qu'elles se compromettraient en s'aventurant chez les comédiens.

Des passants, indécis, lisent l'affiche, en se

demandant s'ils entreront. Cette affiche, à la vérité, est fort tentante, mais on est déjà un peu blasé sur les « menteries » des annonces. Celle-ci assure « qu'il y a apparence que la pièce contentera les experts au métier des Muses ». Au reste, elle ne nomme pas l'auteur de l'ouvrage. Les comédiens ne vont point s'aviser de donner tant d'importance à leur poète ! Ne serait-il point tenté, un jour, de s'affranchir de leur domination ? Et puis, à vrai dire, le public se soucie assez peu encore de ce renseignement.

La salle est plongée à demi dans l'obscurité. On n'a pas encore allumé les chandeliers formés avec deux lattes mises en croix, portant chacun quatre chandelles, qui sont installés sur le devant de la scène. On les allumera le plus tard possible, car la cire coûte cher et dure peu. La clarté vient seulement des chandelles fichées dans des plaques de fer blanc. Les filous, dont nous avons signalé la présence, exploitent cette absence de lumières et volent quelques manteaux. Ce sont des cris, ou des coups, dont personne ne s'émeut que les intéressés, car la chose est coutumière, jusqu'au moment où la « symphonie », vient rappeler l'attention. Cette « symphonie », il faut bien le dire, est des plus modestes, et peut-être même, ce jour-là, ne se compose-t-elle que d'une flûte et d'un tambour. Molière seul, beaucoup plus tard, se donnera le luxe de six violons !

Pendant cette musique, les acteurs ont achevé de s'habiller, dans la même salle, ce qui fait crier contre la liberté de leurs mœurs, tandis qu'il serait plus juste de les plaindre, pour le peu de place dont ils disposent. Et, comme le public commence à s'impatienter, l'un d'eux va le haranguer. Il s'y prend d'une façon bouffonne : — « Je me dis, fait-il, que vous avez tort de venir depuis vos maisons jusques ici pour y montrer l'impatience accoutumée, c'est-à-dire pour n'être à peine entrés que, dès la porte, vous ne criiez à gorge dépaquetée : Commencez !... Nous avons bien eu la patience de vous attendre de pied ferme et recevoir votre argent à la porte, de vous préparer une belle pièce, qui sort de la forge et est encore toute chaude ! » Et la harangue s'aventure en des expressions infiniment plus libres, qui déchaînent la gaieté de la foule.

Pendant ce temps, d'autres spectateurs sont arrivés, sachant bien que l'heure fixée sur l'affiche est illusoire, et se disant aussi qu'on les attendra. Ils sont rassasiés des lazzis de la harangue, et le « prologue » leur suffit. Le « prologue », c'est le lever de rideau d'alors, mais il consiste en un monologue, en un sermon plaisant, une « conférence, » où un esprit alerte se mélange à un absurde galimatias. Ce sera, par exemple, l'Éloge des Puces, ou la Louange des Poltrons, quelque fantaisie paradoxale de ce genre, développée avec l'aide d'une mimique échevelée.

Mais les camarades de l'acteur l'interrompent; ils font mine de s'impatienter eux-mêmes ; « ils trépignent d'entrer en scène, » et l'orateur se hâte de conclure, en faisant l'éloge de la tragédie qui va être représentée.

Voilà le morceau de résistance de la représentation, la pièce de Hardy, la tragi-comédie de *Gesippe*, *Phraarte*, *Aristoclée*, ou la pastorale d'*Alcée*, ou la tragédie de *Timoclée*. Les acteurs crient très fort; ils usent de cette déclamation emphatique qui, seule, paraît s'accorder avec la dignité tragique. Un d'entre eux, épuisé, ne se plaindra-t-il pas, un jour, d'avoir abîmé ses poumons « dans des mouvements de jalousie, d'amour et d'ambition » ? Quant à la diction, est-elle juste ? n'est-elle pas plutôt abandonnée un peu au hasard ? Il est à supposer que les comédiens ne « creusent » pas encore beaucoup leurs rôles.

La scène ne représente pas un seul décor, mais, comme dans les *Mystères* (avec moins d'abondance, toutefois), les lieux divers où va se dérouler l'action. Ainsi, dans *Pandoste*, il y a cinq décorations simultanées : un palais, un temple, une mer, une prison, l'avant d'un vaisseau. Les acteurs se transportent tour à tour dans la partie de la scène où ils ont affaire. On était encore dans l'indécision sur le système de décoration employé au commencement du dix-septième siècle. Les trouvailles de M. Rigal ne laissent plus de doute sur l'emploi, au temps de Hardy, de ces divisions de la scène. C'est un des chapitres les plus importants et les plus nouveaux de son livre. Il estime, du reste, que l'effet de l'ensemble de ces décors ne devait pas être désagréable aux yeux. Nous avons, aujourd'hui, quelque mal à nous imaginer cette disposition...

Le dernier vers, terriblement ronflant, de la tragédie de Hardy vient d'être prononcé. Aussitôt le public réclame « la farce », improvisée sur un canevas léger. Les spectateurs, ayant besoin de se dérider, après avoir frémi aux scènes violentes nées de l'imagination du poète, ne se déclarent pas encore satisfaits. Il faut terminer le spectacle par une chanson.

Ah ! les pauvres braves comédiens de ce temps-là ne ménageaient pas leurs peines et ne se confinaient pas dans un emploi. — « Bah ! la comédie est une vie sans souci ! disait l'un d'eux. — Et quelquefois sans *six sous*, » répondait Bruscambille, se consolant philosophiquement des épreuves du métier par un jeu de mots !

II

Nous avons dit que ce vaste travail offrait des sujets nombreux d'études d'histoire dramatique. M. Rigal ne s'est pas borné, en effet, à des commentaires littéraires sur l'œuvre du vieux poète à la langue dure, emphatique, obscure souvent, qui pourtant sauva le théâtre en France, à une heure critique; mais, ces pièces de Hardy, il s'est attaché à les montrer dans leur cadre et à travers les aventureuses circonstances où elles se produisirent. Son livre est, proprement, une résurrection du monde théâtral à la fin du seizième siècle et au commencement du dix-septième.

Nous venons d'évoquer une représentation d'une tragi-comédie de Hardy, à l'hôtel de Bourgogne, en la reconstituant dans tous ses détails matériels, depuis le moment où l'« officier de théâtre » avait ouvert les portes jusqu'à celui où, la traditionnelle chanson qui terminait le spectacle étant dite, il se hâtait d'épargner les frais de lumière, en soufflant les chandelles. Cette chanson bouffonne, qui succédait singulièrement aux péripéties touchantes ou dramatiques de la pièce, le public n'eût point permis qu'on la supprimât. C'était l'office de Gauthier-Garguille, qui, dans les ouvrages sérieux, tenait l'emploi des rois, avec cette chaîne et cette médaille « en façon d'or » qu'il légua à Mondor. Il dépouillait vite l'espèce de robe qui dissimulait sa maigreur, laquelle eût paru inconciliable avec la majesté royale, et il apparaissait avec son pourpoint noir à manches rouges, sa calotte noire, ses « grandes lunettes à jour ». C'était là qu'il était incomparable. « Quoique la chanson ne valût rien pour l'ordinaire, il se surpassait lui-même, car, outre sa posture, il l'entonnait d'un air et d'un accent si burlesques que quantité de monde ne venait à l'hôtel de Bourgogne que pour l'entendre. » Ce témoignage d'un contemporain atteste que ce n'étaient pas encore les éléments les plus raffinés de la société qui composaient la majorité des spectateurs.

Vous plaît-il, à présent, que nous suivions, dans ses étapes, une de ces troupes de comédiens nomades, comme celle qui eut Hardy à ses gages, avant qu'un destin meilleur lui permît de donner aux Parisiens les productions de sa muse ? Nous sommes près de cinquante-ans avant le *Roman comique.* Les acteurs errants que nous allons accompagner ne sont pas encore ceux dont ce railleur de Scarron dira les aventures. Ce sont leurs pères ou leurs grands-pères. Songez qu'ils ont, tout d'abord, à lutter contre des préjugés qui, lorsque Scarron prendra la plume, se seront déjà éteints, et contre des hostilités souvent vives. Il faut à ces braves gens beaucoup de courage et beaucoup de belle humeur pour triompher de toutes les difficultés. « Je ne connais pas dans les provinces d'état plus malheureux que celui des comédiens, » dit, en toute franchise, un chroniqueur du temps. Ils sont tout à fait livrés au hasard, et, au cas fréquent de vexations, voire de persécutions, aucun recours ne leur sera permis. Il faut qu'ils aient la vocation chevillée dans l'âme, avec cette philosophie dont se vantera gaiement Bruscambille : « Nous sommes comédiens... le moindre desquels est pourvu de trente-deux dents, lestes et affilées comme le rasoir d'un chartreux... A faute de munitions de bourse, nos épaules courent fortune d'être démantelées et mises au clair de lune. Mais nous n'en sommes que plus légers et dispos pour mieux courir à la pelote ! »

Cette crainte qu'il exprime n'était pas chimérique. Ces vagabonds étaient suspects là où ils passaient. Les autorités locales, qui avaient été favorables aux représentations de farces ou de mystères joués par « des gens du cru », bons bourgeois de la paroisse ou du quartier dont elles savaient la vie et les habitudes, se montraient soupçonneuses vis-à-vis de ces inconnus. Ils étaient facilement accusés de tous les méfaits commis dans la ville où ils s'arrêtaient. En tous cas, les pauvres comédiens devaient constamment faire preuve d'une véritable diplomatie pour obtenir les autorisations qui leur étaient nécessaires. Les magistrats des cités où ils comptaient offrir leurs talents traitaient sévèrement ces hommes qui, comme dit une épître de Jean Bouchet,

> ...N'ont métier que de farcerie
> E bien souvent meurent ès hôpitaux.

Quels voyages que les leurs ! Quelles odyssées, parfois poignantes, autrement dures, dans la réalité, que les étapes de la troupe d'Hérode dans *le Capitaine Fracasse* ! M. Erhardt a raconté un jour la navrante histoire d'une troupe de comédiens qui, à la suite de lamentables aventures, s'en vint échouer en Danemark. Repoussés, ils essayèrent de lasser leur mauvais destin en poussant encore plus au nord. Par un froid terrible, enveloppés dans leurs oripeaux de théâtre, ils se risquèrent sur les glaces de la Baltique, où ils se perdirent, affolés par la souffrance. L'Isabelle eut les pieds gelés, si bien qu'il fallut lui couper les orteils. La pauvre femme — ceci est à la fois burlesque et sinistre — ne pouvait plus jouer qu'assise dans un fauteuil. Sans quitter la France, les comédiens pouvaient être exposés à d'aussi cruelles épreuves, parfois.

Mais imaginons que tout va pour le mieux. Le sort des acteurs errants qui courent la province ne sera guère plus tentant !

La troupe s'est formée à l'approche de Pâques, dans quelque hôtellerie parisienne, et ces nouveaux camarades se sont unis par un contrat. Les acteurs ne veulent pas de maître, n'acceptent pas de directeur. Ils se contentent d'accorder une influence plus grande à celui d'entre eux dont le talent paraît le plus remarquable. Ils forment ainsi une petite république. On a retrouvé un de ces contrats. Il est ainsi conçu : « Les associés s'obligent à se rendre dans le jour et fête de Pâques prochain dans la ville d'Abbeville en Picardie, avec leurs hardes, bagages et paquets, pour commencer la représentation des pièces qui seront convenues entre eux, et les voyages se feront dans les villes et lieux qui seront accordés entre eux, *à la pluralité des voix.* »

De combien d'interprètes se compose cette troupe? Les comédiens sont une dizaine au plus, et ils auront, comme on l'imagine, à se multiplier pour faire face, avec ce nombre restreint, à toutes les exigences. Quand les troupes sont riches, elles ont un ou deux gagistes, mais le cas est rare. Les acteurs se résoudront, le plus souvent, à accomplir eux-mêmes tous les offices. Un d'entre eux est, généralement, chargé de veiller aux décorations. On a ainsi le traité d'un certain Belleroche : « Le sieur Belleroche, y est-il dit, promet et s'oblige de jouer des rôles comiques et de travailler aux décorations des pièces pour les peintures qu'il y conviendra faire. » Dans chaque ville, on improvise un portier, et chacun le surveille, à tour de rôle, avec un soin jaloux, car ce portier a entre ses mains la recette, — c'est-à-dire le dîner du soir, et le gîte.

Il faut que la troupe dans laquelle s'est engagé Hardy ait, au moins en partant de Paris, quelques ressources, car c'est un luxe peu fréquent que celui qu'elle s'est donné d'avoir à sa solde un poète chargé de composer les pièces que l'on représentera ou de remanier, selon les besoins, les œuvres que d'autres troupes offrent au public. Terrible besogne, dérisoirement payée, car il y a souvent des conflits dans la troupe, suivis de séparation, et il faut « rajuster » l'ouvrage en vue d'un nombre réduit d'interprètes. Le pauvre poète sue sang et eau pour arriver à tout concilier. Il est vraisemblable qu'il est brusqué plus d'une fois, dans la journée, par ses camarades qui ont, vis-à-vis de lui, de singulières exigences. Au reste, quels que soient les services qu'il rend, il n'est pas sûr qu'il soit traité par eux avec beaucoup de considération. Il y a, dans *le Page disgracié* du poète Tristan l'Hermite, un fragment instructif, à ce sujet. Il y raconte qu'il rencontra un jour des compagnons, d'une gaieté exubérante, qui étaient en train de berner un jeune homme, d'aspect famélique. Le malheureux se débattait vainement en implorant « d'une voix fort douce » ses persécuteurs. C'était le poète d'une troupe de comédiens que ceux-ci avaient voulu forcer à jouer aux boules avec eux, bien qu'il refusât, « à cause qu'il était dans sa veine de faire des vers ».

Voici, cependant, cette troupe partie. Il y a des villes libérales, renommées par leur goût de la comédie, où l'on ne manque pas de se rendre. C'est Rouen, par exemple. Les riches bourgeois ont la bonne habitude, si quelque fête se donne chez eux, de faire venir les comédiens. A la vérité, on a tablé sur quelqu'une de ces aubaines, et on serait bien embarrassé si elle n'arrivait point.

Tout va bien d'abord. On a eu la bonne fortune de jouer devant un prince, et la troupe, tant que durera la tournée, se réclamera de son patronage. Toutefois, on ne s'illusionne pas trop, car on a l'expérience de ces voyages. Voici, en effet, que les économies vont être vite mangées. Dans la ville où l'on est arrivé, on se heurte, alors qu'on aurait déjà grand besoin de se refaire, à une défense absolue de jouer :

quelque personnage d'importance est malade et il ne serait pas décent de se divertir pendant qu'il souffre ; ou bien c'est un refus pur et simple, que les autorités ne daignent même pas motiver ; ou c'est encore l'impossibilité de trouver un local. On a donc accompli inutilement une longue étape. Il faut repartir, le ventre vide, non sans crainte de molestations, et s'engager sur la route qui se déroule à perte de vue, ne laissant pas l'espoir de trouver l'hospitalité désirée avant qu'il soit longtemps.

Déjà on est en moins bel équipage, et les comédiens risquent d'être pris pour des malfaiteurs. Enfin, alors que la lassitude est grande, on aperçoit les clochers d'un gros bourg. Sera-t-il accueillant? S'il ne l'est pas, la situation va devenir critique.

Les plus éloquents de la troupe sont dépêchés vers les échevins : ceux-ci se consultent longuement, avant de répondre. Enfin, la réponse anxieusement attendue est donnée aux acteurs. Il faut, avant tout, qu'ils donnent auxdits échevins un spécimen de leurs talents. Ils doivent donc jouer pour eux, en leur chambre du conseil, la meilleure de leurs pièces.

C'est un petit sacrifice, mais une représentation publique compensera sans doute la perte de leur premier bénéfice. Les comédiens jouent donc, choisissant dans leur répertoire le spectacle qui doit le plus sûrement égayer ces magistrats circonspects, et ils mettent à jouer tout leur entrain, tout leur feu. Ils se surpassent et, satisfaits d'eux-mêmes, ils peuvent croire qu'ils ont conquis leurs auditeurs... Eh bien, non! après avoir ri aux larmes ou s'être donné le plaisir d'émotions vives, les échevins refusent leur autorisation, attendu que ces représentations entraîneraient les bourgeois « à de vaines et inutiles dépenses ». Cette autorisation, ils n'ont jamais songé à l'accorder. Seulement, ils ont trouvé ce moyen de se faire donner la comédie pour rien.

Cette exploitation des comédiens, cruellement dupés, est fréquente, et on s'amuse du « bon tour » qu'on vient de leur jouer. Allons! de nouveau en route! Mais, cette fois, on ne s'avance plus que péniblement, et, pendant la marche, on n'a plus trop le cœur à rire; on a faim, et, pour payer les hôteliers, on n'a « que quelques fleurs de bien dire dans une bourse brodée à la rhétorique ».

Telle autre municipalité ne se raillera pas des comédiens, mais elle exigera qu'ils donnent leur plus belle pièce pour consacrer la recette aux hôpitaux. Et eux, les pauvres diables, ils jouent, l'estomac tiraillé, au profit de moins malheureux qu'eux, peut-être! Par le fait de cette représentation, la curiosité qu'ils excitaient est amoindrie, et les suivantes ne produiront qu'une somme dérisoire. Il arrive, en outre, que l'on se mêle, en haut lieu, de tarifer le prix des places, et à un chiffre si bas que des salles, même remplies, ne couvrent pas leurs frais.

Il y a encore d'autres mauvaises chances. Le plus fâcheux contre-temps auquel ils se puissent heurter, c'est de rencontrer, dans la ville où ils débarquent, quelque charlatan, quelque opérateur qui attire la foule autour de ses tréteaux. En ce cas, ils sont battus d'avance. Qui se dérangerait pour aller entendre leur tragédie en payant, lorsque, sans bourse délier, on se peut divertir des plaisanteries des farceurs que ces opérateurs ont à leur solde? Écoutez ce que dit, en 1610, Courval-Sonnet de la pompe de la parade des charlatans: « Ils ont de coutume d'aller en housse par les rues des villes, vêtus de magnifiques vêtements, portant au col des chaînes d'or, qu'ils auront peut-être louées de quelque orfèvre, et montés à l'avantage sur des genêts d'Espagne, coursiers de Naples ou courteaux d'Allemagne, accompagnés d'une grande suite et caravane d'escornifleurs, batteurs de pavé, bateleurs, farceurs et arlequins; recherchant en ce superbe équipage les carrefours et places publiques des villes et bourgades, où ils font ériger des échafauds et théâtres sur lesquels leurs bouffons et maîtres-gonins amusent le peuple par mille singeries, bouffonneries et tours de passe-passe, pendant qu'ils étalent et qu'ils débitent leur marchandise ou plutôt charlatanerie au peuple. » Les comédiens, avec les alexandrins de leurs pièces pour toute attraction, ne peuvent lutter contre cette somptuosité. Les *Chastes et loyales Amours de Théagène et Cariclée* elles-mêmes — la tragi-comédie la plus fertile en péripéties touchantes — auraient tort devant les bruyants appels du vendeur d'orviétan, qui attire à soi toute la foule. Il n'y a donc qu'à plier bagage et à battre en retraite.

Il en sera de même si (car les moyens d'information font défaut !) on trouve la place déjà prise par une autre troupe. Il n'y a pas un public suffisant pour constituer deux auditoires.

Enfin, voici une ville qui semble hospitalière. Le ciel soit loué ! on allait être réduit aux dernières extrémités. On se dirige avec empressement vers le théâtre et déjà nos comédiens, ayant repris leur gaieté, songent à la pluie d'écus qui va se répandre sur eux. Le prologue, avec ses « imaginations superlifiques », a été écouté avec faveur, et l'orateur de la troupe a annoncé au public les merveilles qui vont se dérouler devant lui, lorsque survient une bande d'écoliers turbulents, qui trouvent plaisant d'interrompre la représentation, de se précipiter sur la scène, de tout casser, soit qu'ils aient reçu l'inspiration d'un prélat intolérant, soit que leur irruption ait un plus vilain motif encore et qu'ils dépouillent le portier de la recette. Ces mésaventures-là arrivent. Les infortunés comédiens, frustrés, battus, blessés parfois, se retrouvent plus gueux qu'auparavant. N'y aura-t-il pas des circonstances atténuantes en leur faveur si, exaspérés, à bout de résignation, las d'être traités en parias, ils commettent un jour quelque scandale ou ont recours, en de certaines heures difficiles, à des moyens médiocrement scrupuleux pour s'assurer les ressources que leur art n'a pu leur procurer? Bruscambille confessait lui-même, en riant, qu'il était un peu larron.

D'où venaient-ils, ces comédiens qui affrontaient tant de déboires? Leur identité se perdait sous leurs sobriquets. Tous avaient assurément couru bien des hasards. Leur mauvaise réputation était pourtant vraisemblablement très exagérée. Mlle de Rohan atteste, dans une de ses lettres, que la troupe des comédiens qui se trouve à Nantes (c'est tout au commencement du dix-septième siècle) est fort honnête et que les acteurs « ne disent aucune mauvaise parole ». En tout cas, on ne saurait leur refuser le mérite, à cette époque, d'un singulier labeur. Le public était si restreint que, pour l'attirer, il fallait changer sans cesse le spectacle. C'est la province, en ce temps-là, qui voyait se produire la plupart des ouvrages nouveaux.

On imagine combien ils étaient pauvrement attifés, ces aventureux acteurs. Les lettres de contemporains, qui constituent les seuls documents certains, décrivent, avec une ironie plaisante, quelques-uns de leurs costumes, que Tallemant qualifiait de « défroques de carême-prenant ». Nous avons ainsi ces détails sur une pièce mythologique : Apollon avait attaché derrière sa tête une grande plaque jaune « prise de quelque armoirie » pour contrefaire le soleil. Hercule, les chausses trouées, le pourpoint plus que fatigué, s'était borné à relever ses manches et il tenait une petite bûche comme massue, « de telle sorte que, en cet équipage, on l'eût pris pour un gagne-denier qui demande à fendre du bois ». Et le narrateur ajoute : « Tous les autres dieux n'étaient pas mieux atournés : jugez de ce que ce pouvaient être des mortels ! » Les « rois » faisaient, dans ces troupes nomades, orgie de barbes postiches. Ces fausses barbes et quelques attributs indispensables composaient souvent, à la fin d'une tournée, tout le magasin de costumes d'une troupe de comédiens de campagne. En ce qui concerne ces costumes, la réalité était si burlesque que la fantaisie des conteurs, amusés ou attendris par l'évocation des exploits de ces primitifs artistes, n'a rien eu à y ajouter.

Mais ces libres coureurs de routes étaient gens d'imagination et eux qui, souvent, dînaient exclusivement des festins simulés de leurs tragédies, ils étaient bien capables, en se drapant dans leurs loques, de se croire pour tout de bon enveloppés dans des manteaux de pourpre !

NE « MONTRE » DE LA COMPAGNIE DES SOTS

On sait ce qu'était l'« infanterie dijonnaise », la fleur des infanteries folâtres. Son nom n'évoque aucun souvenir militaire. Cette insigne Compagnie était formée de lurons qui continuaient les joyeuses traditions des « Enfants sans souci », et qui, ayant élu un chef qui prenait le titre burlesque de « mère Folle », représentaient, sur les places de la capitale bourguignonne, de facéties et des soties.

Les jeux de l'infanterie dijonnaise font partie de l'histoire des origines de notre théâtre. Ils durèrent joyeusement pendant deux siècles, et ils sont demeurés fameux. Cette plaisante confrérie prenait pour thème de menus fait locaux qui prêtaient à la satire et poursuivait de ses quolibets les héros d'aventures récentes.

Dans ses « montres » (ainsi nommait-on ses représentations), on simulait, d'une façon bouffonne, un tribunal. Une estrade était établie sur quelque place de la ville. Les acteurs étaient conduits sur cette estrade dans des chariots qui devaient rappeler le chariot de Thespis. Parfois le chariot faisait partie de la scène improvisée. C'est là que l'on jugeait la cause, qui était toujours une cause grasse.

La dernière « montre » eut lieu en 1630. Ce fut une fête plantureuse, qui dura du lendemain de Noël à la fête des Rois. Les Bourguignons d'alors avaient l'haleine longue, en fait de plaisanteries ! Elle se tint devant une hôtellerie connue sous le nom de la Grand'Taverne, que fréquentaient habituellement les principaux membres de la satirique Compagnie des sots et les clercs de la basoche.

Un chercheur, M. Louis Alotte, s'est plu à imprimer une des soties qui furent représentées en cette occasion. C'est un specimen assez

curieux de ces bouffonneries locales d'antan.
Après deux siècles écoulés, elle a encore une
plantureuse belle humeur, avec toutes ses expressions de terroir qui ont une amusante saveur.
Il paraît que, à celle-là, un Parisien de naissance, qui s'affublait du sobriquet de Sidoine
Merindor, avait apporté le concours de sa verve
malicieuse, assisté de son « page », lequel ar-
borait le nom truculent de Célestin Persagaine.

Cette cause gaie « en deux chariots » avait
pour titre *le Malheur d'Isidore* (du moins c'est
celui que lui a donné M. Alotte). On doit croire
qu'elle faisait allusion à la comique infortune
de quelque benêt, aux dépens duquel on s'é-
gayait librement. Ce « malheur » est, en effet,
d'espèce assez particulière.

Ce dialogue facétieux était précédé d'un
prologue mythologique, *le Dict de la muse
Thalie*, un peu obscur aujourd'hui, qui laissait
présumer la fin des prouesses théâtrales de l'incomparable infanterie dijonnaise : « Fous et
Folles, disait la Muse, Sots et Sottes, divers de
nature, en ces jours de liesse, folâtrez sans

répit, car de fâcheux augures présagent que jamais plus on ne verra vos joyeux enfants parcourir les rues et les venelles de la dive cité, se nasardant et se brocardant les uns les autres derrière le guidon de la Folle femelle ; que jamais plus les basochiens hilares ne feront épanouir en vous, à de nouvelles montres de la Compagnie des Sots, cette abondante jovialité tant aimée de Jupiter... » Du moins, ajoutait la Muse, en substance, la postérité se souviendrait-elle de ces journées mémorables... Ne se trouve-t-il pas, en effet, que nous nous en souvenons ?

Puis on entrait dans le vif de la farce, dont M. Alotte a retrouvé le texte, ou du moins le canevas. Deux plaideurs comparaissent devant le bailli des fous, installé sur le chariot, dans un burlesque appareil judiciaire. L'huissier fait faire silence et annonce la cause : Isidore Varidouille, vigneron, contre Péronne Grivelle, fille prématurée de Pierre Griveau, harnacheur de bêtes.

Isidore a tout d'abord la parole. Il expose

son cas, piteusement, après avoir confessé qu'il est un peu embarrassé : « Je suis, monsieur le juge, gros mortifié par l'inconduite de la Péronne, pour qui j'ai eu un petit sentiment et des bontés, et quand il me vient en souvenir que cette fieffée coquine est du même finage que moi et qu'elle m'a si tellement enjôlé et ensorcelé, que j'ai dû faillir devant ses charmes et me dépouiller de mon saint-frusquin, ma chair en frémit de partout. — Au fait ! » dit le bailli. Et Isidore raconte comment, un jour qu'il gaulait des noix, il a fait la rencontre de la Péronne. Elle a causé avec lui, car elle est jaseuse en diable, puis elle est montée elle-même sur l'arbre, tandis que lui, qui était descendu du noyer, restait ébaubi à la voir sautiller lestement de rameau en rameau. Il n'y a pas à dire : elle était charmante. Ne voilà-t-il pas que, tout à coup, elle l'appelle pour l'aider à reprendre terre, elle se jette dans ses bras et… elle y reste, le « hasard » ayant voulu qu'elle roulât, en l'entraînant, au mitan d'une pièce de gazon… Bref, ajoute le plaignant, « il en résulte que je l'ai séduite sans le vouloir, car elle y a mis tout plein de malice ».

Dès lors, la Péronne n'a cessé de se faire régaler de cadeaux. Isidore énumère avec dépit tous les présents qu'il lui a faits, des poules, trois muids de vin ouillé et soutiré, quinze gélines, un veau, trente-six pigeons de fuie et de l'argent, donc! car elle était friande d'écus... Du moins, Isidore prétendait-il rattraper tout cela en l'ayant pour femme. Mais la gueuse se dérobe, à présent, et, après s'être ainsi moquée de lui, compte épouser « ce petit grelu de Charlot Filobadin, qui n'a mie souci de l'aventure ». Et Isidore se lamente :

— « Ce qu'il y a d'enrageant, c'est que ni l'un ni l'autre ne songent, avant de s'apparier, à me rendre le butin dont j'ai avantagé la Péronne, de sorte qu'il me restera seulement les yeux pour pleurer, et que je serai un manouvrier tout dégarni de chevance, cagnard et n'ayant plus la force de penser à rien !

— Si ce n'est pourtant, répond le juge en lançant un coup d'œil égrillard à Péronne, si ce n'est à votre conquête qui est, à la voir ainsi campée, un appétissant objet.

— Ah ! monsieur le juge, reprend Isidore, méfiez-vous de ses appas et de sa joliesse ; n'allez point donner créance à ses minauderies et à ses propos d'habile langagière, car vous avez beau avoir une ancienne expérience, vous pourriez... hi... hi... aussi, hi... hi..., vous en repentir ! »

Il verse de si abondantes larmes, le pauvre Isidore, que l'huissier, qui a l'âme sensible, éclate en sanglots. Cependant, c'est à la Péronne de s'expliquer, maintenant. Elle ne nie point, l'effrontée, qu'elle ait baguenaudé et batifolé avec Isidore. Depuis, elle a reçu de lui certains cadeaux. C'est vrai, mais où est le mal ? Les cadeaux ne se doivent pas refuser quand on a une miette de savoir-vivre. Mais Isidore a toujours l'air de porter le diable en terre. Charlot, au contraire, est si joli « avec ses oreilles blouquetées » ! Et il sait si bien la faire rire ! De quoi se plaint Isidore, au reste? Après tout, elle lui a donné plus qu'il ne lui a donné.

L'heure est venue des plaidoiries, pour achever d'éclairer la religion du juge, et les plaisanteries sur les avocats ne vont point manquer. Il y a là une scène assez drôle, encore qu'elle soit un peu bien grosse. Le hasard a fait que Péronne et Isidore ont fait choix du même défenseur, M⁰ Bizouarre, lequel n'est nullement embarrassé pour remplir sa double tâche.

— « Diable ! dit le juge, cela n'est pas dans les habitudes ordinaires du barreau, mais (*il s'incline courtoisement*) maître Bizouarre n'est pas non plus un avocat ordinaire...Maître Chrysostome Bizouarre, vous avez la parole pour défendre d'abord Isidore Varidouille ; après quoi vous l'aurez pour défendre Péronne Grivelle ; en outre, vous l'aurez derechef pour les répliques, s'il y a lieu... »

Et maître Bizouarre commence, avec une éloquence abondante, trouvant des arguments admirables pour soutenir les prétentions d'Isidore qui réclame justement que ses cadeaux lui soient restitués, puisque ce n'est pas lui qui épouse. Le pauvre garçon, innocent comme un agneau, a été véritablement séduit par une coquine... Il est vrai qu'il trouve aussitôt d'autres arguments, non moins probants, pour affirmer que Péronne a raison. Est-ce sa faute si cet Isidore est un buson (il se sert même d'autres termes dont ne s'alarmait pas la belle humeur bourguignonne) et si Charlot Filobadin est un aimable luron, auquel on ne peut résister.

Ce double plaidoyer, parodie des formes judiciaires d'alors, demeure vraiment comique.

« Incontinent, poursuit maître Bizouarre, je pourrais produire à monsieur le juge une kyrielle d'autres raisons tout aussi valables...

— Suffit ! » dit le bailli qui se prépare à rendre son jugement.

Il fait mine de réfléchir un moment, puis il dicte au greffier son arrêt... Il est imprévu : il condamne... maître Bizouarre, avocat, « attendu qu'il est urgent de refréner sa nuisance de parole ». Le droit de plaider lui est retiré à jamais, et c'est par pure charité qu'il n'est pas appréhendé au collet et fourré en un cachot noir où il serait nourri au pain de tristesse et abreuvé à l'eau d'affliction.

Quant à Isidore et à Péronne, coupables tous les deux, l'un d'une sordide jalousie, « quand il aurait dû se déclarer libéré à bon compte, » l'autre d'avoir employé, au lieu d'un amour véridique, des moyens astucieux pour subjuguer son galant, le juge ordonne qu'ils soient immédiatement unis, « attendu que le mariage, considéré au point de vue des méchefs qu'il produit ordinairement, est une peine afflictive justifiée par les délictueuses manières du demandeur et de la demanderesse ». Et il termine par un joli couplet en prose, d'un ton plus élevé que celui de la farce, sur l'amour, qui ne doit être, en son bailliage, ni mélancolique jalousie ni maquignonnage de caresses, mais bien la grande passion, la plus capricieuse et la plus sincère folie.

Les deux parties, après tout, se déclarent satisfaites. « Quand on s'est servi de l'écuelle et qu'on la nettoie, dit philosophiquement un des assistants, il n'y a rien à reprendre. » Mais l'huissier crie tout à coup : « Place aux charivarieurs ! » Et les compagnons de l'infanterie dijonnaise entourent Isidore, qu'ils nasardent, et chatouillent Péronne et les entraînent dans une ronde échevelée...

Telle était une des causes bouffonnes qui se plaidaient, il y a deux siècles, sur le chariot des Fous, en la bonne ville de Dijon. M. Alotte a restitué là un assez piquant document de l'histoire du théâtre populaire.

II

LE THÉATRE RUSSE

L'histoire du théâtre russe est curieuse. Elle ne saurait remonter très haut. C'est d'abord à peu près la barbarie, puis, brusquement, comme par un coup de baguette de magicien, le théâtre naît de toutes pièces et prend un grand développement. C'est précisément par la rapidité de cette évolution qu'il est intéressant. Par une inspiration de sa volonté énergique, Pierre le Grand, menant tout rondement, l'installe dans ses États, et ce terrible homme, qui ne doute de rien, le force, si jeune qu'il soit, à avoir quelque éclat.

Auparavant, la scène russe ne connaissait guère que quelques grossiers mystères, joués par des écoliers de Kiew, mêlés encore de cérémonies religieuses. Ce fut, sous le règne du tsar Alexis Mikaëlowitch, le deuxième souverain de la maison des Romanoff, un acteur allemand qui organisa la première troupe régulière en Russie. Un très étrange personnage que ce Iogane. Arrivé à Moscou en 1673, il avait obtenu de divertir le tsar par un concert. Quelques jours après, il demandait l'autorisation de lui offrir une représentation dramatique, et, dans le palais de Préobajensky, il donnait une tragédie sacrée, *Assuérus et Esther*, suivie bientôt de *l'Histoire de Tobie* et de *Judith et Holopherne*. De grosses plaisanteries relevaient les péripéties de la légende biblique. Ainsi, quand Judith avait décapité Holopherne, une servante s'écriait : « Voilà un pauvre homme qui sera bien surpris, en s'éveillant, de voir qu'on lui a enlevé sa tête ! » Mais on n'était point encore bien difficile !

L'important, c'est que le tsar Alexis, charmé, permit à Iogane de continuer ses représentations, et lui accorda une salle à Moscou, dans un palais qui existe encore. Mais Iogane, enhardi, lui fit alors une singulière confidence. Il confessa au tsar qu'il n'avait pris le métier de comédien que pour pénétrer dans ses États, mais qu'il était en réalité pasteur luthérien. Sur quoi, il supplia le souverain de lui permettre d'ouvrir, à Moscou, une chapelle pour y exercer son culte. Le tsar Alexis répondit en homme d'esprit. Il accorda l'ouverture de la chapelle, mais il obligea Iogane, ainsi, à la fois, pasteur et acteur, à poursuivre sa carrière dramatique. « Quel curieux spécimen d'infiltration allemande, dit M. de Corvin, l'auteur, très informé, de cette histoire du théâtre russe, nous fournit le procédé de ce luthérien, fondant son église dans un nouvel État, à l'ombre protectrice d'un manteau d'arlequin ! »

Quoi qu'il en fût, les choses allèrent quelque temps, le mieux du monde ; au sortir du prêche, Iogane allait faire répéter les pièces qu'il avait composées. Elles avaient toujours, au reste, un caractère sacré. Ainsi, son œuvre la plus retentissante était l'aventure des trois enfants hébreux qui refusèrent d'adorer la statue de Nabuchodonosor, transformé — car on ne se piquait pas, alors, de trop de couleur locale — en « tsar » babylonien...

Iogane était comblé d'honneurs, mais on se bornait à des honneurs, tant et si bien que ses acteurs mouraient de faim. Il existe encore une piquante supplique adressée humblement au tsar par ces pauvres hères. Elle est d'une naïveté caractéristique : « O souverain compatissant ! ô père de ton peuple ! on nous a envoyés, nous, tes esclaves, pour apprendre l'affaire de la comédie, mais on n'a rien arrangé pour notre nourriture. En allant tous les jours chez le maître, nous avons mis nos habits en loques, usé nos chaussures et nous n'avons rien à manger. Souverain compatissant, ordonne de nous préparer une nourriture quotidienne quelconque, pour que, nous trouvant à notre leçon de comédie, nous ne souffrions pas de la faim ! » Une prière aussi touchante ne pouvait manquer d'être entendue, et il fut alloué aux comédiens une somme de... trois sous par jour.

Tel est le point de départ des émoluments des artistes impériaux en Russie, et ce souvenir est original, dans le pays où les gens de théâtre ont été payés le plus cher !

Tout cela était bien primitif. Le théâtre russe, malgré la protection de la princesse Sophie Alexiena, sœur du tsar Feodor, qui entreprit de faire jouer, en russe, six ans après la mort de Molière, *le Médecin malgré lui* à la cour, végétait misérablement, inconnu ou à peu près de la foule, lorsque Pierre le Grand lui donna véritablement la vie, au milieu de ses réformes et de ses innovations. C'est à lui que la Russie est redevable de son premier théâtre public, par un ukase daté de son camp sous Nava, en 1702, qui fut quelque chose comme son « décret de Moscou ».

Ce rude souverain menait les choses tambour battant. Il envoya chercher, à Dantzig, une troupe de comédiens, mais il voulait aussi des acteurs nationaux. Il décida, sans barguigner, que ces futurs artistes seraient choisis parmi les plus jeunes employés des diverses chancelleries. « Qu'ils soient dociles et obéissants en tout! » disait suggestivement l'ukase. De fait, à la moindre incartade, ces jeunes comédiens par force étaient fustigés sans hésitation. Cette façon de leur faire apprendre leurs rôles et de déployer en eux du talent était la bonne, paraît-il, puisque la troupe présenta, en peu de temps, un ensemble suffisant. Le tzar avait voulu expressément que ces élèves fussent tous fils de nobles, d'officiers ou de fonctionnaires. Par là, du premier coup, il prévenait tous les préjugés possibles contre la profession théâtrale. C'était un homme expéditif que le tsar Pierre !

A peine avait-il des acteurs qu'il voulait avoir des auteurs, et il ouvrait des concours pour le choix des pièces, qu'il voulait « exemptes d'exagération déclamatoire et vide ». Sa puissance n'allait pas jusqu'à créer des écrivains de génie. Le théâtre russe, pendant son règne, dut vivre surtout d'emprunts faits aux littératures française et allemande.

Le directeur de cet embryon de Conservatoire, qu'il avait fondé, était un certain Kunst, un Allemand, qui perdit la faveur du tsar, à la suite d'une plaisanterie qui paraît bien extraordinaire aujourd'hui, quand on se rappelle combien Pierre le Grand était peu endurant. En vérité, il fallait une singulière audace pour risquer cette étonnante gaminerie. Le 1er avril 1704, Kunst fit annoncer, dans tout Moscou, la représentation d'une pièce nouvelle, dont ses acteurs disaient merveille. Il s'agissait, affirmaient-ils, d'une tentative qui causerait la plus vive surprise.

La curiosité du tsar lui-même fut piquée, et il alla occuper sa loge. Il y avait un monde fou dans la salle. Les musiciens attaquèrent l'ouverture, puis le rideau se leva. Mais quelle fut alors la stupeur des spectateurs quand il ne laissa voir, en guise de décor, qu'une énorme toile blanche, éclairée par des feux de Bengale où on lisait ces mots : « C'est aujourd'hui le premier avril ! »

La mystification était un peu forte, de la part d'un impresario de spectacles impériaux ; Pierre le Grand devint blême de colère. Pourtant il se contint, et il se contenta de s'écrier :

— Voilà une plaisante idée de comédien !

Seulement, il avait eu une façon de rire qui avait donné un peu à réfléchir à Kunst, subitement assez penaud de cette farce stupide, — si bien que celui-ci croyait bientôt prudent de prendre la fuite.

Mais le théâtre national, à peine fondé, avait à lutter contre les troupes étrangères, infiniment plus policées. Les ballets et l'opéra italien lui firent une concurrence redoutable, sous les règnes suivants; les comédiens français prenaient, de leur côté, la plus grande partie de la faveur publique, commençaient ces représentations régulières qui durent encore, et qu'ils ne devaient interrompre que quelques années après la campagne de Russie. Les auteurs russes n'étaient plus encouragés, et quelques noms seulement de dramaturges moscovites forcèrent l'attention, Trediakovsky ou Lomonossoff; encore imitaient-ils les tragédies françaises, plus ou moins heureusement. Soumarokoff aborda le fonds national, avec son drame *Khoreff*, mais, dans la forme, il était moins original, et il se souvenait trop de ses modèles occidentaux.

Le véritable initiateur du théâtre russe, ce fut le fils d'un marchand, Théodore Volkov, qui, avec ses propres ressources, créa quelque chose comme un « Théâtre-Libre ». Volkov réalisa des prodiges d'activité, fit naître des auteurs, assurés d'être interprétés selon leurs intentions, renouvela les procédés de mise en scène. L'impératrice Élisabeth finit par s'intéresser à lui, assura l'existence de sa troupe, et comme Volkov désirait que les rôles féminins fussent désormais joués par des femmes et non plus par de jeunes garçons, elle lui donna cinq des femmes qui étaient à son service. De plus, elle accorda aux comédiens le droit de porter l'épée. Le texte de cette ordonnance est intéressant. Elle leur donne cette prérogative, jusqu'alors uniquement réservée à la noblesse, « afin, y est-il dit, de relever dans l'opinion publique le métier de comédien et de stimuler chez ces artistes l'esprit de fierté ». En France, les comédiens en étaient encore à l'emprisonnement au Fort-l'Évêque et aux démêlés avec l'Église !

On comprendra que je glisse assez rapidement sur les énumérations des premiers auteurs russes : ce sont là des noms qui ne nous sont point familiers, et qui n'apprendraient rien. Je m'attache surtout à suivre, dans l'étude de M. de Corvin, les particularités typiques de l'histoire du théâtre moscovite.

Il prend son entier développement sous le règne de Catherine II, qui déclara la liberté des théâtres, en raison sans doute d'un de ces axiomes qu'elle aimait à répéter : « Un peuple qui chante et qui s'amuse ne pense pas à mal. » Ainsi, en moins de cinquante ans, la Russie, en ce qui concerne le théâtre, avait passé de la barbarie à l'état le plus florissant. L'exemple est unique.

Par exemple, on n'avait point encore réglé la question des droits d'auteur, et la grande Catherine, toute libérale qu'elle fût, ne se faisait pas une idée fort juste de la légitimité d'une rémunération. Soumarokoff, l'auteur de *Khoreff*, qui, depuis, avait accumulé pièces sur pièces, se brouilla un jour avec ses comédiens. C'était, dit-on, un homme assez difficile à vivre, du reste. Les comédiens répondirent à ses reproches en lui retirant ses entrées. « Fort bien ! s'écria Soumarokoff ; mais alors payez-moi pour jouer mes pièces ! » La prétention parut telle aux acteurs qu'ils ne firent que rire. Sur quoi, l'auteur, de plus en plus piqué, leur interdit de représenter ses œuvres. Il en fut de cette protestation comme de l'autre. On afficha son drame, *Sinaw*, malgré lui.

La coupe était pleine. Soumarokoff porta plainte auprès du feld-maréchal Soltikoff, qui donna raison aux comédiens. C'était trop fort ! L'auteur, frustré et bafoué, alla jusqu'à l'impératrice, et lui remit une supplique qui n'était certes pas sans logique et sans fierté : « Quel droit, disait-il, le feld-maréchal a-t-il de faire jouer mes pièces malgré moi ? Les a-t-il faites ? Comme commandant de la capitale, je lui dois le respect, mais je ne le reconnais aucunement comme commandant de mes muses. »

Cette revendication, si juste qu'elle parût, ne toucha point Catherine II, et elle approuva la détermination du feld-maréchal, en termes assez aigres pour le pauvre écrivain : « C'est un grand honneur pour vous et votre tragédie, lui répondit-elle, que le désir du feld-maréchal de la voir jouer malgré vous... Je vous conseille d'éviter désormais de pareilles altercations : vous conserverez ainsi la quiétude d'âme si nécessaire à vos occupations, et moi, je verrai toujours avec plus de plaisir la passion se faire jour dans vos drames que dans vos lettres. » Cette réponse s'explique assez malaisément de la part d'une souveraine qui aima passionnément le théâtre... Il est vrai que, en le cultivant elle-même, elle n'avait pas beaucoup à se préoccuper de la question des droits.

On a réuni le théâtre de Catherine II, qui ne comprend pas moins de onze comédies, de sept proverbes et de plusieurs livrets d'opéra. On sait que, en l'an VII (chez Gide, libraire, place

Saint-Sulpice), un choix de ces pièces a été donné à Paris. Les ouvrages écrits en français ont été recueillis sous le titre de *Théâtre de l'Ermitage*. Celle de ces pièces qui obtint le plus véritable succès fut les *Malentendus*, ce qui inspira ce galant compliment à un poète courtisan : « Quel ravissement, quelle fête ! — Tes *Malentendus* eux-mêmes —Ne servent qu'à te décerner de nouvelles couronnes. » Ce qui serait surtout à noter, aujourd'hui, dans l'œuvre théâtrale de l'impériale « authoress », c'est sa tendance à puiser des sujets dans les légendes nationales. Elle donna là un exemple qui eut une heureuse portée. Elle mit aussi à la scène, la première, des personnages contemporains, imitée aussitôt, en cela, par Von Viezon, qui donna une pièce encore célèbre actuellement, *le Dadais*, où il raillait assez hardiment un jeune noble qui ne veut rien faire, et qui croit pouvoir réussir dans la vie uniquement parce qu'il est bien né.

Il paraît que le succès du *Dadais* fut si grand que les spectateurs jetèrent leurs bourses pleines d'or sur la scène, ce qui faisait dire ingénûment à un chroniqueur du temps : « Voilà une coutume qui, si elle s'enracinait dans les mœurs théâtrales, serait mille fois plus agréable aux artistes que la mode bizarre de leur jeter des bouquets ! »

La scène russe avait dès lors une pléiade d'auteurs de profession, et les noms à citer abonderaient. Les troupes, en même temps, se multipliaient. Nombre d'entre elles étaient composées de serfs, et ce n'est pas un détail peu curieux de l'histoire du théâtre russe. Ces comédiens, souvent excellents, qui représentaient des seigneurs et des princes, pouvaient être vendus dans un moment de gêne de leur propriétaire. En 1803, la direction des théâtres « acheta » ainsi une troupe de trente-six personnes à Mme Hélène Chérémetieff, au prix total de cinquante mille roubles, costumes et accessoires compris ! Ces acteurs-là, du moins, ne pouvaient pas refuser leurs rôles et traiter de haut avec les auteurs ! Il est vrai que l'intérêt de leur maître était de les ménager et que leur sort humiliant était ainsi atténué par quelques égards nécessaires...

M. de Corvin s'attache un peu plus longuement à l'étude de l'œuvre de Vassili Kapnist, l'auteur d'une pièce demeurée au répertoire, *la Chicane*. Sa mauvaise étoile voulut qu'il débutât après la mort de Catherine. Le tsar Paul Ier était un moins chaud protecteur des écrivains, et il avait des moments de vivacité fâcheuse. On lui rapporta, un jour, que cette comédie était très subversive. Le tsar ne s'informa pas davantage et il signa l'ordre d'exil de Kapnist en Sibérie. C'était dur; c'était si dur que, tout infaillible qu'il s'estimât volontiers, il eut un remords et il se fit jouer la pièce pour lui seul. A sa grande surprise, elle le charma, au lieu de l'indigner. Dans la nuit, un courrier partait sur la route de Sibérie avec ordre de ramener Kapnist, où qu'on le trouvât. Il n'était heureusement pas encore très loin !

Sous le règne d'Alexandre Ier, le théâtre russe fut surtout patriotique. L'horizon européen s'était couvert de gros nuages, et, partout, on respirait l'odeur de la poudre. Ce fut une explosion, sur la scène russe, au moment où Napoléon mit en marche la grande armée. La troupe française elle-même, par une exagération du sentiment de reconnaissance pour l'hospitalité reçue, qui confinait à la bassesse, se mit à l'unisson et donna solennellement la traduction de la tragédie d'Ozeroff, *Dimitri Donskoy*. Elle dut à cette tentative courtisanesque d'être gardée jusqu'à la fin de 1812. Elle fut congédiée courtoisement, et l'Empereur fit régler la pension des comédiens qui y avaient droit.

Les comédiens français de Moscou ne furent pas aussi heureux, et on sait, par les Mémoires de Mlle Fusil, leur odyssée à la fois lamentable et burlesque, leur fuite, en habit de théâtre, à travers les steppes, la fin sinistre de la plupart d'entre eux, noyés au passage de la Bérézina, après d'indicibles souffrances.

La Russie avait été trop secouée par cette crise, elle était aussi trop enivrée de ses victoires pour que le théâtre ne reflétât pas encore, longtemps après la paix, cet état d'esprit particulier. Chose curieuse, toutefois : en même temps que se produisaient ces œuvres nées d'un sentiment de fierté, l'imitation des pièces françaises alimentait aussi la scène. Mais l'heure allait venir où devait éclore une école d'écrivains illustres, qui a fondé la littérature russe moderne, les Griboedoff, les Pouschine, les Lermontoff... L'étude du passé s'arrête là. Désormais, les lettres russes allaient vivre d'une vie propre, jusqu'au jour où, à leur tour, elles s'imposeraient même à l'étranger.

II

PISEMSKY

Il n'y a pas bien longtemps que nous nous intéressons sérieusement à la production littéraire de l'étranger. Avec notre tempérament fougueux, nous avons eu, dans la joie de la « découverte » d'œuvres originales et savoureuses, des admirations violentes, qui ont ressemblé à une sorte d'emballement. Pendant un moment, les écrivains russes ont eu, chez nous, les honneurs d'une sorte de culte. Dostoïevsky et Tolstoï ont été dieux. On ne s'est pas contenté de leur reconnaître de rares et puissantes beautés : on leur a prêté, avec une générosité excessive, la conception d'un art nouveau. Hors des Russes, il semblait qu'il n'y eût point de salut. Puis la réaction est

venue, — trop vite, comme l'admiration avait
été trop hâtive. On s'est lassé brusquement de
la tyrannie qu'ils semblaient exercer, et, s'il
faut tout dire, un sentiment qui n'est pas éloigné de celui de la défiance a succédé aux enthousiasmes d'antan. Nous manquons facilement de mesure, nous autres ; nous avons
peine à nous tenir dans un juste milieu. Après
avoir témoigné un engouement hors de toute
proportion à l'égard des romanciers et des auteurs dramatiques russes qui nous ont été ré-
vélés les premiers, nous risquons de laisser
passer inaperçues des œuvres qui ne sont pas
géniales, mais qui sont extrêmement remar-
quables.

C'est ainsi que l'on n'a pas fait, peut-être,
l'accueil que commandait la justice, en France,
aux traductions qui nous ont été données d'un
autre Russe, Pisemsky. Nous ne l'avons connu
qu'un peu trop tard, sans doute, pour lui assi-
gner le rang qu'il méritait, alors que ce mouvement de réaction, dont je parlais tout à
l'heure, commençait. Avec lui, il n'y a pas

l'extraordinaire, le « frisson nouveau », l'imprévu. C'est un esprit plus pondéré, moins grand, mais plus égal à lui-même. Il ne cause pas de sensations troublantes ; il n'est ni un apôtre comme Tolstoï, ni un halluciné comme Dostoïevsky. Il est, au contraire, très positif, en général. Ce qu'il y a d'équilibré en lui serait même son originalité si — ce qui ne serait pas très utile — on tenait absolument à le comparer aux maîtres au commerce desquels on nous a d'abord initiés.

Avec une persévérance opiniâtre, M. Victor Derély s'est attaché à nous révéler Pisemsky, pour lequel il a une estime particulière, à ce qu'il semble. On sait, au reste, que ce zélé lettré a une grande part dans la faveur qu'ont eue, quelque temps, les Russes dans nos préoccupations littéraires. Si M. de Vogüé dirigeait la curiosité de leur côté, lui, il les traduisait patiemment. C'est à M. Derély qu'on a dû de pouvoir lire, en français, *Crime et Châtiment*, *l'Idiot*, *les Possédés*, *les Pauvres Gens* de Dostoïevsky. Ce travail d'interprétation, dans notre langue, d'un texte rude et parfois un peu sauvage, n'était pas une petite affaire. Depuis, c'est à Pisemsky qu'il s'est le plus volontiers consacré, se rabattant, à défaut de chefs-d'œuvre, sur des travaux qui sont encore infiniment intéressants. Tout en le goûtant passionnément, il éprouvait encore, avec Dostoïevsky, quelque effarement. Avec Pisemsky, il est dans une note plus simplement humaine.

M. Derély nous a offert, en premier lieu, ses romans. C'était, par exemple, celui qui a pour titre *Mille âmes*, où Pisemsky se montre un peintre de mœurs avisé et expert. Il s'agit là d'un ambitieux qui, après avoir séduit une jeune fille, la quitte pour chercher fortune à Pétersbourg. Repoussé partout, il se laisse entraîner à un mariage assez peu délicat, mais sa fiancée lui apporte en dot « mille âmes », c'est-à-dire, pour compter selon la mode russe, une propriété habitée par mille paysans. La situation dans laquelle il se trouve le grise quelque temps, mais les épreuves commencent bientôt pour lui, et elles l'accablent. Devenu veuf enfin, il retrouve la jeune fille qu'il avait abandonnée ; elle n'a pas cessé de l'aimer, et il lui revient tout entier.

Dans *les Faiseurs*, Pisemsky, avec plus d'âpreté, contait l'histoire d'un galant homme jeté malgré lui, par une maîtresse adorée, dans un monde de lanceurs d'affaires véreuses. Il rompt enfin avec elle, dans un jour d'énergie, mais sa vie est brisée et, las de tout, il prend du service dans l'armée du Caucase et se fait tuer à l'ennemi.

Le *Péché de vieillesse* était tout à fait une jolie chose. C'est l'aventure mélancolique d'un pauvre diable de vieux fonctionnaire, d'un petit employé dont la vie a été vide et terne, qui est tout à coup affolé par une coquine. Pour elle, lui qui incarnait l'honnêteté, il se livre à des malversations et il vole la caisse de l'État. Arrêté, il se pend dans sa prison, moins par crainte du déshonneur que parce qu'il apprend que son pauvre amour a été joué, qu'on s'est toujours moqué de lui, qu'il n'y avait qu'intérêt dans les semblants d'affection qui lui étaient témoignés. C'est alors seulement qu'il a horreur de la vie.

M. Derély nous donne aujourd'hui, poursuivant ses études, un choix du théâtre de Pisemsky. Ce choix, à la vérité, est borné, car il s'est contenté de deux pièces. Une substantielle introduction, il est vrai, peut suppléer au petit nombre des ouvrages traduits.

L'œuvre dramatique de Pisemsky, qui, sans être un modèle, mérite assurément l'attention, est caractéristique. Elle n'est point passionnée, dans son ensemble ; elle tient moins compte de l'amour que de cet autre mobile des actions humaines, — l'intérêt. Pisemsky est, en ce sens, très moderne. Presque toujours, c'est la question d'argent qu'il met satiriquement à la scène, et il l'y met avec une incontestable ampleur. Ce n'est pas, lui, un rêveur ; c'est un observateur réaliste.

Dans *l'Hyponcondriaque*, par exemple, il montrera les cupidités se ruant à l'assaut d'un mourant, ou, du moins, d'un homme qui se croit tel. Dans *le Partage*, il fait assister à l'éternelle comédie des héritiers qui cherchent à s'adjuger la part du lion. Mais il trouve là des traits âpres et cruels, qui ne sont plus seulement du domaine de la comédie. La pièce se termine par une scène effroyable. Un des héritiers, affolé par l'espoir d'une fortune qu'il voit lui échapper, est pris d'un accès de démence furieuse, cherche à incendier la maison qui est l'objet de tant de convoitises, égorge, éperdu, le bétail de la ferme, et, sans autre conclusion, le rideau tombe sur la chasse effrénée à coups de fusils que lui font ses cohéritiers, exaspérés, en proie à une rage déchaînée.

Dans *les Mines* (cette pièce, jugée un peu trop hardie, fut interdite par la censure russe), c'est la peinture, peu flatteuse, du monde des fonctionnaires, où, avec un parti pris, peut-être, de pousser les choses au noir, Pisemsky ne présente que des prévaricateurs et des concussionnaires.

C'est encore la question d'argent qui joue le rôle principal dans une des deux pièces traduites par M. Derély, et qui porte le titre biblique de

Baal. « Baal, » c'est le monstre, le fléau, le grand corrupteur, — l'Argent. L'œuvre est loin d'être indifférente.

Ce qu'il y a de très particulier chez Pisemsky, c'est la netteté, la parfaite simplicité des moyens qu'il emploie. C'est peut-être surtout par là qu'il se distingue des autres Russes, chez lesquels une savoureuse pensée est le plus souvent enveloppée d'impénétrables obscurités. Chez ce grand Dostoïevsky, notamment, il faut parfois s'avancer comme à coups de hache à travers des broussailles, pour la saisir. Pisemsky est, au contraire, très clair : il a ceci d'occidental, si ses personnages sont rigoureusement russes par leurs sentiments, par leur mobilité, par leurs brusques ressauts.

Il peut n'être pas sans intérêt d'étudier rapidement les quatre actes de *Baal*. Un grand entrepreneur — dont on pressent l'origine allemande — Alexandre-Gregorievitch Burgmeyer, se trouve dans une assez mauvaise passe : ses capitaux sont engagés dans de nombreuses affaires ; une concession importante qui lui est promise va lui être refusée si un commissaire du gouvernement, Mirovitch, ne consent point à accepter la livraison de travaux que Burgmeyer a soumissionnés et dont l'exécution a été défectueuse. Or ce Mirovitch est un très honnête homme; il n'y a aucun moyen de le corrompre.

C'est la ruine imminente pour Burgmeyer. Dans l'anxiété dans laquelle il se trouve, une idée assez perverse lui est soufflée par une sorte d'aventurière à laquelle il a eu la faiblesse de faire un doigt de cour. Elle lui révèle que Mirovitch nourrit une passion profonde, quoique discrète, pour sa femme, Cléopâtre-Serguievna. Que Cléopâtre consente à faire la coquette avec Mirovitch, et celui-ci, de quelque loyauté qu'il se pique, ne se sentira plus le courage de se montrer rigoureux envers l'entrepreneur.

La scène est curieuse où Burgmeyer, qui aime véritablement sa femme, est conduit, avec confusion, tâtant le terrain par manière de plaisanterie, puis devenant catégorique, à prier Cléopâtre de tenter une démarche auprès du commissaire, de qui dépend son avenir : «...Mais toi, lui dit-il, honteux de lui-même, si tu allais le voir et tâcher de le rendre plus traitable?... Qui donc peut refuser quelque chose aux sanglots de la jeunesse et de la beauté? »

Cléopâtre, alors, stupéfaite, puis indignée, lui fait une déclaration qui laisse le pauvre homme ahuri. Eh quoi! c'est son mari qui la pousse à aller trouver Mirovitch? Eh bien! qu'il le sache donc : ce Mirovitch, elle l'aime depuis longtemps. Jusqu'à présent, elle avait cherché à résister à sa passion. « Jour et nuit, je priais Dieu qu'il me donnât la force de ne pas céder... Mais toi-même, tu me jettes dans l'abîme!... Ainsi, ne t'en prends qu'à toi-même... C'est avec joie, c'est avec ivresse que j'irai chez Mirovitch ; seulement, j'y resterai, je ne reviendrai plus chez toi! » Un dégoût lui est venu pour cet homme « à l'âme de marchand » auquel elle s'obstinait désespérément à rester fidèle. « Pour vous, lui dit-elle en s'en allant, en proie à une sorte de fièvre, tout est marchandise, tout, jusqu'à moi! »

Cette exposition est très vigoureuse, très franche dans ses procédés. A l'acte suivant, Mirovitch, entraîné par sa passion pour Cléopâtre, se sent incapable de la repousser. Il s'accuse de sa faiblesse, dans une scène qui n'est pas sans éloquence : « Toute notre génération, s'écrie-t-il, c'est-à-dire moi et tous ceux de mon âge, étant encore sur les bancs de l'école, nous blâmions présomptueusement, nous maudissions nos pères et nos grands-pères, parce qu'ils étaient des hommes d'iniquité, parce qu'il n'y avait en eux ni honneur ni vertu civique... Enfin, voici que, à notre tour, nous entrons au service de la société, et moi, l'un de ces hommes nouveaux, je débute par faire ce que faisaient nos pères, je suis les mêmes traditions de partialité et d'injustice... à cela près que j'ai des motifs un peu plus poétiques? » Il signe, la conscience torturée, le rapport dont les conclusions sauvent Burgmeyer, et il donne sa démission.

Le troisième acte est moins rapide d'action, moins saisissant. Il s'attarde, il traîne en des détails oiseux. Il montre Burgmeyer regrettant amèrement sa femme, se reprochant sa lâcheté coupable, las de ses millions, pour lesquels il a tout sacrifié, exploité par une maîtresse qui se moque de lui. Du moins apprenons-nous la misérable situation où est tombé Mirovitch, ayant brisé sa carrière par amour. Il cherche vainement une occupation; c'est la détresse, partagée (ce dont il s'afflige par-dessus tout) par Cléopâtre. Il souffre cruellement des privations qu'elle endure en ayant suivi son sort. Il lui importerait peu, à lui, d'être traqué par des créanciers, mais quel chagrin il éprouve de voir Cléopâtre privée du luxe auquel elle était habituée ! Celle-ci a d'abord supporté assez vaillamment sa nouvelle situation, dédommagée par l'ardente tendresse de Mirovitch; mais l'heure des enthousiasmes et des folies est passée. Elle commence à se plaindre, à regretter sa vie facile d'autrefois.

C'est dans ces dispositions d'esprit où elle se trouve que Burgmeyer, au quatrième acte, — le plus mordant, — se représente. Il parle à

Cléopâtre du devoir, qui l'oblige à revenir chez lui, et c'est la voix du devoir que fait mine d'écouter Cléopâtre. Au fond, ni elle ni son mari ne sont dupes des grands mots qu'ils emploient. La jeune femme est à bout de résignation ; c'est l'horreur de la misère qui la décide à reprendre sa place dans la maison de Burgmeyer. L'originalité de tout cet acte consiste dans les raisons spécieuses que se donne Cléopâtre à elle-même pour abandonner Mirovitch, dans la casuistique féminine à laquelle elle a recours pour se faire illusion. Il y a là vraiment quelques scènes tout à fait supérieures. Quant à l'entrepreneur, en voyant le taudis où végète maintenant Cléopâtre, il n'a pas douté, un moment, du succès de sa démarche. Il a l'argent pour lui ; donc, les arguments décisifs. Cléopâtre se sépare avec des larmes et des cris déchirants de Mirovich anéanti. En réalité, malgré les regrets qu'elle éprouve peut-être, elle est ravie d'échapper à la misère, fût-ce en reprenant l'existence commune avec un homme qu'elle méprise. C'est par une pudeur qu'elle cherche à se tromper elle-même, à invoquer les droits de son mari. « Ah ! s'écrie Mirovitch, désespéré et accablé par cette fuite de Cléopâtre, le roman a parcouru toutes les phases obligées ! — Mais non, mon cher, lui dit son ami, le sceptique Kounitzine, tu auras beau crier, la faute, ici, est tout entière à toi. Comment garder dans un pareil taudis, nourrir d'andouilles gâtées et de pommes de terre une femme accoutumée au bien-être?... N'importe laquelle s'en ira, elle ne pourra y tenir... Je t'ai toujours dit que l'argent est tout. Si on n'en a pas, et qu'il en faille, alors on en vole, le diable m'emporte ! Sois sûr qu'en fait ma philosophie sera toujours plus vraie que la tienne ! »

L'ironique conception de cette pièce singulière, c'est donc, en somme, que le devoir, quand il se concilie avec des conditions agréables, est plus tentant que l'inconduite, chèrement payée. Mais il y a de jolis dessous, dans la comédie de Pisemsky, à ce triomphe de la morale. Elle est, telle qu'elle est, singulièrement vivante.

L'autre pièce traduite par M. Derély est comme une sorte d'exception dans le théâtre de Pisemsky. Elle a plus de grandeur. C'est un large tableau de mœurs rurales, avec un dénouement biblique à la manière de Tolstoï. Mélodrame si l'on veut, au fond, mais écrit avec une simplicité puissante. Elle a pour titre *l'Amère Destinée*.

Le paysan Ananii Iakovleff a fait, pour tâcher d'améliorer la situation des siens, un long séjour à Saint-Pétersbourg. Pendant ce temps, sa femme Élisabeth est devenue la maîtresse du propriétaire du village, Sokovine. Un enfant est né. Il est impossible d'en cacher l'existence à Ananii, qui revient.

Les caractères sont véritablement dessinés en dehors de toute banalité. Ananii est un homme de cœur, naturellement doux et juste ; il adorait sa femme. Il reste écrasé par cette révélation. Quant à Sokovine, il est faible, indécis, timide, avec je ne sais quel fonds de loyauté et de tendresse. En dépit des conseils de son beau-frère Zolouloff, qui le raille d'attacher tant d'importance à une amourette, il éprouve une grande confusion, des remords, même en présence de la douleur d'Ananii. C'est presque en s'humiliant de sa faute qu'il lui parle, qu'il lui offre, en lui demandant de ne pas tenir compte de son rang, telle satisfaction qu'il voudra, puisque Ananii refuse de l'argent.

Celui-ci essaye sincèrement de se résigner, de pardonner à sa femme, tout en sentant que cette générosité est au-dessus de ses forces. Le lot d'un pauvre paysan comme lui n'est-il pas de souffrir! Mais les misérables intrigues d'un intendant de Sokovine qui, pour faire sa cour au jeune seigneur, cherche à lui ramener Élisabeth, poussent Ananii à bout. En un instant d'affolement, il tue l'enfant, cet enfant qu'il ne peut voir, et il s'enfuit à travers la campagne. On le traque comme une bête fauve, mais c'est lui qui se vient livrer, volontairement, tourmenté par le remords de son crime et demandant pardon à tous, n'ayant plus d'autre pensée que d'expier. Ainsi, dans *la Puissance des ténèbres*, Nikita implore, en s'avouant coupable, le baiser de paix des membres du *mir*, de l'assemblée de la commune: « Pardonnez-moi, mir orthodoxe ! » Ces mystiques humiliations d'un meurtrier repentant sont fréquentes dans les œuvres russes. Ici, la scène ne manque pas de grandeur. « Votre Noblesse, dit Ananii au magistrat qui l'arrête, permettez-moi de saluer le peuple ! » Et il s'incline devant la foule.

Mais nous sommes déjà un peu blasés sur ce mysticisme russe. La saveur très personnelle du théâtre de Pisemsky (qui est mort il y a huit ou neuf ans) est ailleurs.

III

UNE COMÉDIE DE TOLSTOÏ

Nous n'étions guère habitués à voir Tolstoï employer l'arme du rire, dans le combat qu'il mène depuis longtemps déjà contre l'organisation de la société actuelle, prêchant le retour à la vie rurale, la désertion des villes, le travail manuel de chacun, la suppression de l'argent. Il faut confesser que ce grand homme, devenu par malheur, après avoir écrit deux ou trois chefs-d'œuvre, une sorte d'illuminé, est, quand il prêche, plus à son aise dans ses paraboles bibliques que dans l'ironie.

Un fantaisiste, au demeurant respectueux, comme il convient de l'être, du « grand écrivain des lettres russes », comme disait Tourguenef de Tolstoï, même lorsqu'il est entraîné par des chimères dans le domaine de l'utopie, émettait, ces jours-ci, cette opinion que ce n'était que par déférence pour lui que la censure de Saint-Pétersbourg avait interdit la publication, en Russie, des *Fruits de la science*, afin de ne pas compromettre son génie, égaré cette fois en de trop aventureuses théories. On aimerait à se rallier à cette opinion, mais les censures sont-elles capables de ces délicatesses? Je ne sais trop, par exemple, ce qu'on a pu voir de vraiment « dangereux » dans ces scènes d'une manifeste exagération.

Tolstoï confond là volontairement, dans le dédain qu'affiche à présent pour les connaissances intellectuelles celui qui fut un si grand artiste, la science pour rire avec la science sérieuse, et il paraît ne pas faire plus de cas des études des Pasteur et des Charcot que des folies du spiritisme. Il semble dire que la science, quelle qu'elle soit, ne sert qu'à compliquer inutilement la vie, qu'à détourner l'homme de la simple et naïve confiance qu'il doit avoir dans le ciel, en lui donnant un vain orgueil. Et, comme toujours, il revient à l'idée qui lui est chère : il n'y a de saint, de droit, de digne que le travail de la terre.

Comment un haut esprit comme Tolstoï en arrive-t-il à nier la portée des travaux scientifiques de ce temps, à les ridiculiser, en les mêlant intentionnellement aux jongleries des médiums, en mettant d'illustres découvertes sur le même pied que les charlataneries des modernes devins?

Rien de plus simple, au reste, que la donnée de cette singulière pièce. Des paysans sont venus, du gouvernement de Koursk, pour obtenir une vente de terres à crédit d'un riche propriétaire habitant Saint-Pétersbourg, Leonid Feodorovitch Svesdintgev. Pour eux, Tolstoï aura, naturellement, toutes les tendresses : ce sont de bonnes gens, tout simples, et ce qu'ils voient dans la grande ville où ils viennent pour la première fois les scandalise. C'est Tolstoï qui parle par leur bouche, quand ils s'étonnent de tout ce luxe, quand ils s'affligent de la perversité des mœurs, quand ils s'indignent de l'oisiveté ou de la puérilité des occupations des citadins.

La maison de Leonid Feodorovitch leur fournit, d'ailleurs, prétexte à d'abondantes réflexions. C'est une maison de toqués, — une famille Benoiton aggravée par la présence de la mère, et c'est celle-ci qui est particulièrement chargée de railler les savants de l'école de M. Pasteur, par sa peur continuelle des microbes. Cela n'est pas très fin, ni très gai non plus, mais c'est ainsi.

Le fils aîné est un viveur effréné, qui incarne, pour Tolstoï, le type du jeune homme habitant les villes. Ses sœurs sont affolées de plaisir, ne pensent qu'à la toilette, ne sont que des espèces de petites poupées, car vous entendez bien que Tolstoï n'admet qu'à la campagne l'honnêteté, la pudeur, la dignité des filles.

Quant au père, celui-là est atteint d'une folie grave : il ne jure que par les esprits et par le spiritisme, il se fait exploiter par des malins qui l'entretiennent dans sa manie, il ne prend pas une décision sans avoir consulté auparavant les Invisibles, dont il attend la réponse par le procédé classique des coups mystérieux.

frappés sur une table. C'est fort bien : mais Tolstoï, en se moquant de lui, étend ses railleries à toutes les recherches sur l'hypnotisme et aux médecins qui s'occupent de ces questions, de sorte que les deux mots hypnotisme et spiritisme semblent être pour lui synonymes.

Ah! il faut encore présenter la domesticité de la maison, qui est là minutieusement peinte. Ce ne sont, naturellement, que coquins et fourbes, et, parmi ces serviteurs, les seuls qui trouvent grâce aux yeux de Tolstoï sont ceux qui ont encore quelque regret pour leur village. Dans cette catégorie se trouvent l'aide-sommelier Sémion et la femme de chambre Tania, qui ne demanderaient pas mieux que de se marier pour aller reprendre la saine vie des champs. On connaît maintenant les personnages de la pièce.

Les vénérables paysans sollicitent donc de Leonid Feodorovitch un arrangement qui leur permette d'étendre leurs cultures, « car, — radote sans cesse l'un d'eux, — notre terre est trop petite, si petite qu'il n'y a pas de place pour y lâcher le bétail, non, pas même une petite poule, » Leonid serait assez disposé à leur accorder ce qu'ils demandent. Mais les esprits décideront de sa réponse. Il entre dans son cabinet de travail, transformé en laboratoire magnétique, et il fait tourner la table. Les esprits, décidément, s'opposent à ce qu'il consente au marché proposé, et les pauvres paysans sont bien déçus.

C'est alors que la rusée Tania les rassure, leur déclare que tout finira au mieux, qu'ils ne retourneront pas dans leur village sans avoir obtenu ce qu'ils désiraient; qu'ils prennent un peu patience, seulement! Elle les installe à la cuisine, et tout un acte est complaisamment consacré à leurs commentaires naïfs des paroles d'espérance que leur a portées la petite femme de chambre.

L'idée de celle-ci, étant donnée la toquade de Leonid Feodorovitch, est fort simple. Mais Tania a des scrupules, et un singulier mysticisme se mêle au moyen de comédie qu'elle a imaginé. De ces scrupules, elle se débarrasse enfin. Elle persuade à son maître d'essayer

Sémion comme médium, en lui assurant qu'il est un « sujet » remarquable.

Le bon benêt qu'est Leonid s'enthousiasme de ce projet, et il convoque quelques fous de son espèce à une séance. Auparavant, il a bien sermonné Sémion ; il lui a bien recommandé de ne s'effrayer d'aucun des phénomènes qui se produisaient : « Mets-toi ça dans la tête, lui dit-il, que le monde invisible des esprits vit à côté de nous, tout à fait comme nous vivons nous-mêmes. » Ce n'est pas Sémion, à qui Tania a fait la leçon, qui contredirait son maître !

La séance commence, solennellement. Dans l'obscurité, que Sémion, bien stylé, a demandée plus complète, on n'a pas remarqué l'entrée de Tania, se glissant derrière un paravent. Tout à coup un papier est jeté sur la table, et en même temps Leonid se sent serré au bras. Ce papier, c'est le contrat proposé par les paysans. C'est, bien entendu, Tania qui vient de l'envoyer là, et Sémion, en appuyant sa main sur celle de Leonid, est censé indiquer la volonté des esprits, revenant sur leur décision, et exigeant maintenant la signature du bonhomme. « — Messieurs, s'écrie Leonid, c'est extraordinaire ! Sur la table est tombé un document, un contrat avec des paysans au sujet d'une vente de terrains... Les esprits veulent que je signe... c'est évident ! »

Et le tour est joué. Les paysans, munis désormais du précieux papier, dûment paraphé, peuvent s'en retourner. Tania a tenu sa promesse vis-à-vis d'eux, et elle n'a plus qu'à s'en aller elle-même, avec Sémion, reprendre l'existence rurale.

Vainement la femme de Leonid, qui a soupçonné quelque chose, révèle à son mari la supercherie de Tania. Il hausse les épaules, rien ne le détournera de sa foi ingénue. Il consent à admettre que Tania ait eu l'intention de le tromper. Qu'est-ce que cela prouve ? « Ce qu'elle a fait, dit-il, n'était que la manifestation de l'énergie médianique. » Et il ne sort pas de là. « Voyez-vous, Anna Pavlovna, ajoute-t-il, il y a des choses qu'il faut étudier et bien comprendre pour en parler! » Toutes les révélations n'y feront rien. Pour lui, ce sont bien les esprits qui l'ont contraint à signer.

Et c'est tout ! On éprouve quelque chagrin à penser que c'est là qu'en est venu l'homme qui a écrit *la Guerre et la Paix* et *Anna Karenine*. Peut-être y aurait-il eu quelque piété à ne pas traduire ces pages du patriarche de la littérature russe, qui n'évoquent même pas, hélas! *l'Agésilas* et *l'Attila* de Corneille.

III

EN ALLEMAGNE

I

LE FAUST DE LENAU

Il est, chaque année, question, à l'Odéon, d'une adaptation du *Faust* de Marlowe, qui est une œuvre étrangement touffue et violente. Il faut croire que les divers *Faust* qui se sont produits avant ou après Gœthe sollicitent, en ce moment, l'attention des lettrés, car on vient de nous donner une traduction [1], qui est, je crois, la première en France, du *Faust* du Hongrois Nicolas Lenau, œuvre écrite en allemand, en pleine période romantique.

1. Cette traduction, faite par M. Descreux, a paru dans la *Revue indépendante*.

Nicolas Lenau, mort en 1850, est une figure intéressante. Il fut vraiment le poète de la douleur, et la destinée devait, en effet, être cruelle pour lui. D'une sensibilité maladive, torturé par les passions dont d'autres sont seulement agités, inquiet par nature, souffrant de tout, de l'amour et de la gloire même, qui lui était venue, il finit par verser dans l'abîme de la folie, après avoir anxieusement senti qu'il y roulait. « Je sens comme un fourmillement dans mon cerveau, — écrivait-il désespérément à un ami, peu de temps avant la crise suprême. — Oh! je connais mon mal et je sais ce qui en est! »

M. Marchand a raconté un jour, en une page poignante, les derniers jours de Lenau, qu'il avait fallu conduire à l'asile d'aliénés d'Oberdœbing, où il s'éteignit, se plaignant comme un enfant, parfois parlant de lui, d'un air hébété, en se désignant par son nom : « Le pauvre Niembschest bien malheureux! » En ces heures tragiques, il ne se souvenait même plus du pseudonyme qu'il avait illustré. Dans les premiers temps de son internement, il saisissait souvent un violon (il jouait à merveille de cet instrument) et, après avoir commencé par en tirer des sons, au hasard, bientôt un chant mélancolique se dessinait et la raison lui revenait pour un instant. Mais ces lueurs mêmes disparurent, et le poète lyrique dont ses contemporains, Uhland, Schwab, Kerner, avaient salué le génie, sombra dans l'irrémédiable démence.

Son *Faust* avait été célèbre dans toute l'Allemagne, autant que son *Savonarole* et ses *Albigeois*. Il n'y avait pas peu d'audace à reprendre la vieille légende philosophique, après Gœthe ; mais l'œuvre demeure toutefois très personnelle. Elle n'était pas destinée à la scène, et de fait, malgré la forme dialoguée, elle ne suit pas un plan arrêté et net. Ce sont des épisodes se succédant avec une fougue singulière, où se retrouvent Faust et Méphistophélès. Mais le véritable héros de ce poème, c'est, au fond, Lenau lui-même, exprimant avec amertume ses doutes, ses désespoirs, ses désillusions, tourmenté d'un désir éperdu de vérité et ne la trouvant nulle part. C'est Lenau encore non seulement dans Faust, mais dans Méphistophélès. « En Méphistophélès, écrivait-il, j'ai trouvé un gaillard sur lequel je pourrai me décharger de toutes les idées infernales qui se sont accumulées en moi. »

Il n'y a pas à nier que ce poème soit souvent plein d'obscurités : notre goût français, fait de clarté, peut s'inquiéter de pages énigmatiques ; mais des scènes puissantes se détachent tout à coup, souvent, de ce fond mystérieux. Le Faust de Lenau est bien une victime de ses aspirations élevées : « O Faust, dit-il dans son prologue, Faust, homme de malédiction, tu osas, avant de recevoir le salut de la mort, t'envoler trop tôt sur l'océan des esprits, et te voilà errant et perdu ! »

Successivement, cette vérité dont il implore la lumière, il la demandera, toujours vainement, à la religion, à la science, à la raison, à la nature. Son pacte avec Méphistophélès, en réalité, ne lui sert pas à grand'chose, si ce n'est à avoir en lui un compagnon d'humeur caustique et impitoyablement railleuse.

La première rencontre de Faust avec le satanique personnage a lieu dans l'amphithéâtre d'anatomie, où, avec son disciple Wagner, il dissèque un cadavre. « Si ce cadavre pouvait rire, dit Faust, quel soudain éclat de rire il pousserait devant nous qui le dépeçons !... Mon ami, le scalpel grossier tâtonne en vain sur la piste éventée de la vie qui a fini... oui, avec toute ton anatomie, Wagner, tu n'en sais pas plus long sur la vie qu'un mouton... » Et comme Wagner proteste, en homme aux désirs bornés qu'il est, Faust, dédaigneusement, se moque de sa prétendue science : « Sois heureux, mon ami, d'avoir approfondi la chose, et appris que, de son vivant, ton mort mettait la nourriture dans sa bouche et la triturait avec ses dents. Pour te combler, n'a-t-on pas découvert que l'estomac est fait pour digérer, que, tout exprès pour cela, il y vient de la bile secrétée par le foie... » C'est alors que Méphistophélès paraît, en costume d'étudiant voyageur, applaudit ironiquement aux paroles de Faust, et engage avec lui une discussion sur la destinée humaine : « Le Créateur est l'ennemi, puisqu'il t'a plongé dans la nuit en te créant, puisque, de son secret asile, il rit de ton appel plein d'angoisses. »

Et voici, bientôt, que Faust et Méphistophélès courent le monde de compagnie. Méphistophélès lui arrache ses derniers restes de foi. « Prier, dit-il, c'est bredouiller dans l'humiliation ! » Un instant plus tard il lui fera jeter au feu la Bible : « Tu fus sot de croire que la vérité, chose formidable et éternellement fuyante, allait, elle si parfaite et si pudique, se loger dans cette reliure en cuir de porc ! »

Il s'agit d'abord, pour Méphistophélès, de dégoûter Faust des hommes. Au cours de leur aventureux voyage, il dévoile l'hypocrisie d'un dignitaire ecclésiastique ; il le fait assister à une leçon de politique qu'il donne à un ministre, réputé profond ; il lui montre, en la personne d'un valet, qu'il y a des créatures faites pour la servitude, et qui l'aiment obstinément ; et, de fait, ce valet affranchi par lui, libre désormais, continue à se courber devant tous. Surtout, Méphistophélès tient à ce que Faust se rende compte de la fragilité féminine.

Il entre avec lui dans une auberge de village où l'on fête une noce, et il assure à Faust que cet amour qu'éprouve la mariée pour celui qui va être son époux est à la merci d'un hasard. Ce lourdaud se croit heureux : avant un moment, la belle enfant ne pensera plus à lui ! Montant sur un tonneau, Méphistophélès tire d'un violon des accents enfiévrés, une ronde effrénée, et, ménétrier pervers, il s'amuse à jeter l'innocente mariée dans un vertige des sens, si bien que, oubliant tout, c'est dans les bras de Faust, ce passant, cet inconnu pour elle, qu'elle vient tomber.

Une autre scène est plus amère. Méphistophélès entend prouver à Faust qu'il ne se faut pas fier à l'apparence de la fidélité conjugale, que c'est seulement l'occasion qui manque, parfois, aux épouses accomplies pour trahir leurs devoirs, et il l'introduit dans un ménage heureux d'artisans. Le mari se félicite de la sécurité de son bonheur, exalte la vertu de sa femme, déclare qu'il ne craint pas les galants. Et certes, il a raison, car nul n'a pu être plus tranquille que lui jusqu'alors. Mais, tandis qu'il parle, la fidèle ménagère contemple Faust avec une sorte d'extase et elle songe aux moyens de se ménager un rendez-vous avec lui... Lenau, à ce qu'il semble, s'était, dans ces deux scènes, souvenu de trahisons qui l'avaient jeté dans le désespoir.

Dans une autre aventure amoureuse, Faust tue le père d'une jeune fille, et ne se défend pas de cruels remords. Mais Méphistophélès le raille, en développant une théorie qui est, en réalité, celle de la lutte pour la vie, particulièrement curieuse si on se rapporte à la date de la publication de ce poème (1838). Le besoin de destruction est la loi primitive du monde ; le fort marche droit à son but. Et Faust, cependant, hoche tristement la tête : « Je voudrais bien croire à ta parole, mais le vent murmure et l'emporte au loin ! Les arbres parlent et disent, en secouant leurs branches : « Non, non ! » Car le Tentateur, dans le drame philosophique de Lenau, ne triomphe pas toujours ; le poète jette là seulement la confession d'une âme en détresse, demandant impatiemment la raison des choses, le dernier mot de l'existence, le pourquoi suprême de nos actes.

Faust, dans un morne découragement, est las de la nature elle-même ; le printemps, avec ses séductions, lui semble une ironie et il souhaite l'anéantissement. Mais Méphistophélès ne manque pas de faire entendre encore un rire perçant. A quoi sert ce merveilleux organisme de la pensée, dont les jeux peuvent être si délicats, pour en arriver à ce désir du néant? C'est, en vérité, faire un bel usage de l'intelligence !

Dans une autre scène, Faust s'est embarqué sur un vieux vaisseau qui craque. La mer l'attire, puisqu'il hait la terre. Elle lui semble un être animé, torturé, comme lui-même, en ses éternelles agitations, « par une aspiration sans fin vers quelque bonheur, qu'elle n'atteint pas ». Mais il lui plaît de voir la lâcheté des hommes devant la mort et il demande à Méphistophélès de déchaîner une tempête. Le capitaine pâlit, devant cet orage furieux, perd la tête, implore le ciel : « Ainsi, s'écrie Faust, voilà ce qu'est son âme virile !... C'est insupportable pour moi comme un soufflet au visage que de voir l'homme montrer sa nudité de mendiant devant la majesté de la nature ! »

Quand l'ouragan a passé, Faust interroge le matelot qui a tenu la plus ferme contenance dans le danger. Celui-là n'avait pas peur de la mort. Est-ce donc un sage, un philosophe ? Ce matelot est, au contraire, le plus grossier de tous ; il avoue que ce qu'il ne comprend pas le laisse tout à fait indifférent. Ainsi, c'est celui qui se rapproche le plus de la brute qui semble le plus résolu et, peut-être, le plus heureux. Et pourtant, Faust se sent d'essence supérieure à cet être obscur. Quelle est donc cette supériorité qui consiste surtout à souffrir davantage ?

Le drame se dénoue par la mort volontaire de Faust, revenant à ses désirs éperdus de s'anéantir à jamais dans un sommeil sans réveil à moins qu'il ne trouve au delà de la vie, de la part de l'Être mystérieux, l'immense pitié dont a besoin la créature humaine.

Tel est, dans ses grandes lignes, le Faust de Lenau, œuvre étrange, imparfaite, un peu incohérente même, mais où l'on sent la poignante et profonde sincérité du penseur, écrasé par son impuissance à trouver une solution aux inquiétants problèmes qui se présentent à son esprit altéré de vérité... Ce n'était pas là simplement un jeu littéraire, puisque, de ces tortures morales allant jusqu'à d'implacables obsessions, Lenau devait mourir. « Tu connais l'histoire de Phaéton et des chevaux emportés avec lui, écrivait-il, une fois, à un ami : nous autres, poètes, nous sommes de la race de ces cochers fantastiques, et il peut arriver facilement que nous soyons traînés quelque jour par nos propres pensées ! »

II

UN DRAME ALLEMAND SUR LA RÉVOLUTION

C'est en Allemagne qu'on a écrit le plus grand nombre d'ouvrages dramatiques sur la Révolution française. De la jeunesse de ce siècle jusqu'à nos jours, on en compterait aisément une quarantaine. Un lettré fervent, très au courant des choses allemandes, et qui ne recule point devant les vastes tâches, M. Auguste Dietrich, a entrepris vaillamment la traduction des plus importantes et des plus typiques de ces œuvres, afin de suivre, à travers les manifestations de la littérature, les idées et les conceptions germaniques sur les événements de cette phase capitale de notre histoire. Jamais, selon un mot heureux de M. Jules Claretie, on n'ouvrira pour nous assez de fenêtres sur l'étranger!

La Révolution durait encore que Zschokke

écrivait une *Charlotte Corday*. Senkenberg, Christine Westphalen traitaient aussi le même sujet. Schiller lui-même méditait de lui donner la vie du théâtre.

Puis, ce sont le *Robespierre* de Griepenkerl, le *Danton et Robespierre* de Robert Hamerling, un des combattants de la révolution de Vienne, le *Mirabeau* de François de Werner, la *Lambertine de Méricourt* de Gottschall et, plus près de nous, la *Déesse Raison* de Paul Heyse, la *Madame Roland* de la baronne d'Eschenbach.

Mais, de tous ces drames, le plus vraiment original, le plus vivant, le plus fougueux, est celui qu'écrivit à vingt ans, en 1834, un jeune homme qui semblait devoir être un poète de génie, et que la mort devait enlever quatre ans plus tard, Georges Büchner, frère aîné de Louis Büchner, l'auteur du traité de philosophie expérimentale *Force et Matière*.

La figure de Georges Büchner est des plus curieuses et des plus attachantes. Quel abîme entre cette Allemagne de 1834 et l'Allemagne d'aujourd'hui ! C'est vers la France que se tournait alors la jeunesse libérale ; c'est à la flamme de son histoire que s'alimentaient les idées et les aspirations des impatients du joug tyrannique qui pesait sur toutes les petites principautés allemandes.

La Hesse, le pays de Georges Büchner, était précisément un de ceux où s'exerçait le plus durement une de ces tyrannies qui eût été ridicule, si elle n'eût été odieuse. Las de cette compression brutale, les esprits s'agitaient ; des sociétés secrètes s'organisaient ; des hommes déterminés songeaient à répondre à la force par la force.

Georges Büchner fut une des premières recrues de ce mouvement démocratique. Il avait dix-sept ans à peine quand il se jeta dans les conspirations avec une ardeur impétueuse. Il avait provoqué des associations d'étudiants ; il prit la plume pour écrire une sorte de commentaire de la Déclaration des droits de l'homme approprié aux circonstances présentes. La liberté de la presse ayant été depuis longtemps supprimée, il n'y avait point à répandre ce chaleureux appel par les moyens ordinaires. Il avait été imprimé clandestinement : ce furent les étudiants eux-mêmes qui le colportèrent, le glissant de nuit entre les volets des cabanes des paysans. C'était alors une époque de foi, de zèle généreux, de fières espérances. Le danger qu'il courait (car les prisons de la Hesse étaient sérieuses) n'étaient point pour arrêter un audacieux comme Büchner. Les geôles de Giessen et de Darmstadt s'emplissaient de ses amis. Büchner restait sur la brèche, presque chef de parti à un âge où l'on a, d'habitude, de moins sérieuses préoccupations. Tout en poursuivant ses études de médecine, il fit ainsi, pendant deux ans, de la politique active.

Au retour d'un de ses voyages de propagande dans le grand-duché, il se vit, à son tour, sous le coup d'une arrestation. L'imminence du péril sembla surexciter ses facultés et son activité intellectuelle. C'est en s'attendant, d'un jour à l'autre, à rejoindre ses amis en prison que, nourri de l'étude de la Révolution, il jeta fiévreusement sur le papier son drame, *la Mort de Danton*. Il fut rapidement achevé. « Pour *Danton*, écrivait-il à un ami en parlant de son œuvre, les agents de police de Darmstadt ont été mes muses ! » Il pouvait voir, en effet, sous ses fenêtres, les policiers qui le surveillaient.

Le moment de l'arrestation qu'il avait prévue arriva. Mais un heureux hasard permit à Büchner de s'évader, et il gagna la Suisse, où il se livra au travail en furieux. On eût dit qu'il prévoyait que la mort était proche, tant il se dépensait avec ardeur. Elle devait le prendre, de fait, tout à coup, après une courte maladie, en 1837, anéantissant cet esprit vigoureux, toujours en mouvement, touchant à tout, de qui on pouvait attendre de grandes choses.

Tel est, rapidement résumé, le portrait de l'auteur de *la Mort de Danton*. Il était utile d'en tracer les lignes saillantes, car son œuvre reflète ce flot tumultueux de pensées qui l'agitaient ; elle est pleine de tempêtes, comme il vécut lui-même sa courte vie au milieu des hasards et des épreuves.

La Mort de Danton n'était point destinée à la scène. C'est ce que les Allemands appellent un « Buchdrama », une pièce faite pour la lecture, où l'écrivain se soucie peu des règles dramatiques, suivant impétueusement les développements de sa pensée. Elle est étrangement heurtée et violente, mais elle produit une incontestable impression de grandiose, tout en nous déroutant, nous autres qui avons toujours une tendance à la logique.

Büchner, exposant ses théories sur le rôle du poète dramatique, disait qu'il créait l'histoire une seconde fois, et que sa tâche suprême était de s'approcher de l'histoire telle qu'elle s'était passée en réalité. Cependant, Büchner s'est très souvent éloigné de la vérité historique, si, ailleurs, ce sont les paroles mêmes des hommes de la Révolution, des phrases de leurs discours qu'il intercale dans son texte. Ces hommes, il les façonne à sa guise ; la plupart du temps, il les invente plus qu'il ne les évoque, il leur prête des systèmes philosophiques qui lui appartiennent à lui ; son imagination l'emporte au delà de l'exactitude des faits, qu'il paraît dédaigner. Et toutefois, avec ces incohérences, l'ouvrage est d'une vie débordante ; et c'est bien le choc formidable de la Révolution.

C'est une succession de tableaux qui ne s'enchaînent que peu les uns aux autres, dont quelques-uns sont inutiles ou énigmatiques, mais d'autres ont une ampleur épique. L'œuvre, au reste, garde bien une saveur romantique allemande, et c'est précisément parce qu'elle ne procède en rien d'une imitation française qu'elle est intéressante et curieuse pour nous. C'est, il faut le répéter, par sa fougue désordonnée qu'elle est caractéristique.

Le Danton de Büchner, en réalité, est, quelque bizarre que cette conception nous puisse paraître, une sorte d'Hamlet, un raisonneur singulier, désabusé de bien des choses, las des hommes, faisant des coquetteries avec la Mort, qu'il sent planer au-dessus de lui, ne retrouvant son audace et sa force que par éclairs.

La Mort, d'ailleurs, c'est le personnage principal de la pièce. C'est elle qui mène tout, c'est elle qu'on voit sans cesse, à travers l'action. Büchner en parle avec une sorte de volupté, il en caresse l'horreur avec des raffinements. Et c'est elle qui lui inspire souvent les plus originales images. Jamais on ne se joua à ce point de l'épouvante physique même de la Mort. C'est ainsi que, avant que la charrette les vienne chercher, les conventionnels condamnés avec Danton s'entretiennent philosophiquement. L'élégant Hérault de Séchelles, cependant, se plaint de la dureté des bancs de la prison, du dossier des chaises grossières qui lui fatigue les mains. « Au moins, reprend-il, nous n'aurons pas de callosités aux doigts quand nous caresserons les joues de la charmante dame Putréfaction ! »

J'ai dit que la vérité historique n'avait pas été le grand souci de Büchner, malgré ses déclarations. On ne s'étonnera donc point des personnages qui se montrent et du rôle qu'ils jouent dans certaines scènes caractéristiques. Je fais cette réserve une fois pour toutes, sans avoir à revenir sur ces invraisemblances de détail.

Le drame commence par une conversation entre Danton et ses amis, autour d'une table de jeu. Déjà il est fatigué, écœuré ; il se tient un peu à l'écart, et comme sa femme Julie (c'est là précisément un de ces personnages entièrement dénaturés par le poète) lui reproche de n'être plus tendre pour elle : « Si vraiment, lui dit-il, je t'aime... je t'aime comme le tombeau ! » C'est ainsi que, dès les premiers mots, le spectre de la Mort se présente. Cependant Camille Desmoulins, |Philippeaux, Hérault lui demandent des conseils. Il hausse les épaules. « Sur ce seuil, répond-il avec un sourire triste, je vais prophétiser : la statue de la Liberté n'est pas encore fondue ; le four est rouge : nous pouvons tous nous y brûler les doigts ! »

Puis c'est une scène de la rue, une scène terrible, qui montre l'aveuglement de la foule, sa fièvre de sang, son éternelle misère à travers les changements de régime, sa folle mobilité, — scène puissante et navrante, qui donne comme le cadre du drame qui va s'engager et qui se poursuit au club des Jacobins, où cette plèbe écoute Robespierre parler, de sa voix sèche de rhéteur, de la vertu. « Écoutez l'Incorruptible ! » crient des voix. Et Robespierre poursuit, jurant que de grands exemples seront donnés. « La Terreur, dit-il, est une effluence de la vertu; elle n'est rien autre chose que la rapide, sévère et inflexible justice ! » Dans ses allusions, il menace Danton, et les partisans de celui-ci le cherchent pour l'inviter à la prudence.

Ils le trouvent — et la scène est assez inattendue — en train d'écouter, avec quelque pitié, les confessions d'une fille galante qui implore son amour. Et lui, tout en raillant, effleure ses cheveux, doucement, avec mélancolie, semblant lui donner, au nom de l'humanité, une vague absolution, tandis que, non sans un certain mysticisme, cette pécheresse accuse le sort. Ici encore, Danton est un Hamlet. Mais à ses rêveries un peu nuageuses sur l'amour (rêveries mêlées de plaisanteries cyniques) succède un éclat de colère, lorsqu'on lui rapporte les paroles de Robespierre. « Il a joué des doigts sur la tribune, s'écrie le conventionnel Lacroix, et dit que la vertu doit régner par la terreur. Cette phrase m'a fait mal au cou. » Danton se relève, secoue sa crinière comme un lion. — « Tu rêves ! réplique-t-il ; ils n'ont jamais eu de courage sans moi ; ils n'en auront pas contre moi ! » Un instant, le tribun s'est ressaisi et il va trouver Robespierre. Leur dialogue, c'est la synthèse philosophique de la lutte éternelle entre les autoritaires et les libéraux de tous les temps. — « Es-tu l'agent de police du ciel ?» demande Robespierre à Danton, à la fin.

Mais lutter encore, à quoi bon ? Et comme Camille Desmoulins le presse d'agir, de retrouver son énergie : — « Bah ! dit-il, c'est très bien que la durée de la vie soit un peu réduite. Qui donc a assez de souffle et d'esprit pour une épopée en cinquante ou soixante chants ?... La vie ne vaut pas la fatigue qu'on se donne pour la conserver ! » Ce Danton pessimiste déconcerte fort, il faut l'avouer. Plus loin, on le voit gagnant l'asile que des amis lui ont offert, après qu'il a été décrété d'accusation. La scène est, assurément, saisissante. C'est la nuit ; il marche dans la campagne... ; mais voici qu'il s'arrête, qu'il sourit dédaigneusement des précautions qu'il prend. Pourquoi se soustraire au danger ? Est-il fait, lui, pour redouter quelque chose ? Que gagnera-t-il dans la sécurité ? Est-ce que toutes les pensées qui bouillonnent en lui s'apaiseront, parce qu'il sera loin ? Et il rebrousse chemin, il rentre dans la fournaise.

Une autre scène, d'une large envergure, est à mentionner. Danton, chez lui, attend qu'on l'arrête. Peu lui importe ! Il oppose aux événements un dédain hautain. Il rêve, accoudé à sa fenêtre ; il revoit sa vie, si pleine, depuis trois ans. Son esprit erre au hasard. Tout à coup, à son insu, un mot s'échappe de ses lèvres, un mot qui le réveille : « Septembre ! » — « Que dis-tu ? lui demande Julie. — Moi ! Ai-je crié ? — Tu as gémi : « Septembre ! » — Oh ! pourquoi ce mot ? que signifie-t-il ?... » Et, troublé par l'obsession du passé, il se justifie, pour lui-même, à ses propres yeux, il force sa conscience à l'absoudre : « Les rois étaient à quarante lieues de Paris, la République était perdue, c'était la défense légitime ; j'ai sauvé la patrie ! »

Puis, c'est Danton à la barre du tribunal révolutionnaire. Il s'est repris ; sa grande voix va tonner ; il accuse Robespierre, il s'adresse au peuple.

Mais on l'empêche de parler, on l'entraîne ; on le condamne. Toute cette partie du drame est d'un mouvement furieux, un souffle d'ouragan y passe, la Révolution est là puissamment évoquée dans ses déchirements. On a entrevu un moment, avec Büchner, le Danton véritable, l'orateur formidable, l'homme d'action, ce « composé colossal de courage, de frénésie, d'affection, de force révolutionnaire, de virilité farouche ».

Il redeviendra Hamlet dans la troisième partie, qui n'est plus que le dernier tressaillement, le dernier râle qui précèdent la mort.

Danton et ceux qui vont monter à l'échafaud avec lui sont à la Conciergerie. Büchner donne là librement carrière à son goût du macabre. Les prisonniers se plaignent d'être mal, en leur cachot. A dire le vrai, ces plaisanteries funèbres sont là un peu cherchées. Lacroix peste contre la vermine qui l'envahit : c'est pour qu'un autre lui parle des vers du tombeau « auxquels on ne peut pas donner la chasse ».

Mais Camille Desmoulins, lui, proteste contre la tranquillité de ses amis. Seul, il déclare que la mort est horrible, qu'il avait soif encore de vie, et qu'il n'y a qu'une héroïque bravade dans l'attitude de ses compagnons. Il ne tremblera pas plus qu'eux au moment fatal, mais il proclame que tous sont, comme lui, attachés à l'existence.

Et l'effroi de sa destinée le hante, sans qu'il s'en défende : « Peut-être la mort vous tire-t-elle lentement, avec torture, la vie hors de chaque fibre, en vous laissant la conscience de votre pourriture !... » Puis il songe à Lucile ; il se révolte à l'idée de la perdre. Danton, lui, le console, l'engage à dormir, à donner au rêve ses derniers moments, au rêve seul miséricordieux. Quant à lui, il est calme, et il envisage sans trouble, en se demandant seulement, avec une curiosité philosophique, qui est là très allemande, ce qu'est exactement l'instant de la séparation de l'âme et du corps. Et il s'adresse à ce corps, il plaisante cette guenille humaine : « Mon cher corps, je veux te dire des galanteries... Demain, tu seras un violon brisé, la mélodie en sera éteinte ! » Et Büchner, implacablement, se plaît en des comparaisons lugubres, d'un réalisme brutal, fait évoquer à Danton la puanteur du tombeau. Il est incontestable qu'il y a un abus fatigant de ces idées funèbres. Mais des mots étrangement pittoresques éclatent, tout à coup. « Que veux-tu, mon enfant? reprend Danton en s'adressant à Camille, on travaille aujourd'hui en chair humaine ! »

Büchner, qui n'a pas introduit jusque-là beaucoup d'éléments romanesques dans son drame, imagine tout à coup une scène qui n'est que romanesque. Julie se rend auprès de la prison de Danton, guette son départ pour l'échafaud et, au moment précis où sa tête tombe, s'empoisonne. « Je ne voudrais pas, s'écrie-t-elle, te faire attendre un seul instant ! » Cette scène est d'autant plus imprévue que Julie n'a fait jusqu'alors que passer dans le drame.

Puis, c'est la charrette qui revient, vide. La foule commente encore l'attitude des condamnés. « Un homme charmant, ce Hérault! — Oui, en le voyant à la fête de la Constitution, debout sur l'arc de triomphe, je me disais: Il fera bon effet sur la guillotine! »

La dernière scène est la seule qui soit d'un effet dramatique, au sens théàtral du mot. Les valets du bourreau sont occupés à démonter la guillotine, en chantant des chansons très naïves, comme de tranquilles ouvriers accompagnant leur ouvrage de refrains. Lucile Desmoulins — que, elle non plus, on n'a guère vue — arrive, veuve tragique, rôdant, autour de l'échafaud. « La terre n'est pas blessée de la mort de Camille! s'écrie-t-elle; tout se meut, les horloges marchent, les clochent sonnent, l'eau coule, les nuages passent... Est-ce possible! » Eh bien! elle le rejoindra dans la mort! Une patrouille passe, et l'interroge. Elle réfléchit un instant, puis, ayant trouvé le sûr moyen d'être frappée, elle aussi, elle crie résolûment: « Vive le roi ! »

On voit combien toute cette œuvre est singulière, combien elle concorde peu avec nos idées et nos traditions, de combien d'invraisemblances elle est remplie. Et il y a cependant là une plénitude de vie, une vigueur de pensée, un relief dans le dessin de ces scènes aventurées qui les rendent tout à fait intéressantes. Mais quel autre qu'un esprit allemand pouvait songer à faire de Danton un frère d'Hamlet?

IV

COMÉDIENS ET COMÉDIENNES

I

UNE VICTIME DU THÉATRE AU XVIII° SIÈCLE

A la suite des deux représentations de *Thermidor*, la figure de Labussière s'est trouvée rencontrer des détracteurs, estimant que le comédien, devenu employé dans les bureaux du comité de Salut public, n'avait pu rendre les services qu'il se vantait d'avoir rendus. M. Armand Lodds et M. Wallon ont mené une dure campagne contre l'ombre de l'infortuné Labussière, à qui sa gloire, longtemps attendue, était aussitôt disputée.

Voici qui est plus curieux que ces protestations contre le rôle héroïque joué, pendant la Terreur, par Labussière. M. Moreau-Vauthier n'a-t-il pas estimé, ce qui est un peu cavalier, que M. Sardou *aurait dû* mettre à la scène une physionomie de comédien d'autrefois qui lui paraît, à lui, plus intéressante que celle de Labussière ! Cette indication d'un sujet autre que le sujet traité par un auteur dramatique est un procédé de critique assez nouveau. On n'avait pas encore songé à dire à un écrivain : « Vous avez écrit un drame sur la période révolutionnaire ; j'aurais mieux aimé que vous eussiez choisi une autre époque. » Le comédien pour lequel M. Moreau-Vauthier revendique ainsi la sympathie des lettrés n'est même pas, en effet, contemporain de Labussière.

Cela dit, et ces réserves faites, on peut reconnaître que la destinée de l'acteur Bannières, qui a paru tout à coup à M. Moreau-Vauthier digne d'émouvoir la postérité, indifférente depuis un siècle et demi, fut en effet curieuse. Mais, pendant qu'il était en train de solliciter pour lui l'attention, on eût pu souhaiter qu'il donnât sur son compte des détails inédits autres que ceux de la vieille biographie de Lemazurier, détails qui doivent pouvoir être fournis par les archives de la Comédie-Française, par celles de la ville de Toulouse et, peut-être, par celles du ministère de la guerre. En ce qui concerne cette dernière source d'informations, on verra tout à l'heure pourquoi elle peut être indiquée.

Sans sa fin tragique, et vraiment lamentable, Bannières aurait-il chance d'intéresser d'autres que des fureteurs de bibliothèques ?

Puisque l'occasion en est donnée, le portrait de cet original, qui fut un amoureux passionné du théâtre, vaut la peine d'être esquissé. Dans le premier quart du dix-huitième siècle, il y avait un Gascon, d'humeur aventureuse, comme tous les Gascons, qui avait fait tous les métiers, sans persévérer dans aucune carrière, tourmenté qu'il était par un irrésistible besoin d'action et de mouvement. C'était ce Bannières, né d'une assez bonne famille, et qu'on avait d'abord poussé à entrer dans les ordres. Il dut être un petit abbé fort remuant.

Il était si bavard qu'il jeta bientôt le collet aux orties pour se faire avocat. Nous n'avons aucun document sur son passage dans le barreau. On ne peut que supposer que, avec le tempérament qu'il avait, il dut, d'instinct, rechercher les causes qui sentaient la bataille, en se souciant moins, vraisemblablement, des intérêts de ses clients que de ses effets oratoires. Ses plaidoyers étaient sans doute d'une truculente audace, car il avait de l'aplomb, ce Bannières ; il en avait à revendre !

Puis, nouvelle incarnation, assez logique en somme dans le développement de ce cerveau bouillant : Bannières se transforme en inventeur. Il avait toujours eu du goût pour les mathématiques et, de par son esprit fiévreusement actif, il ne pouvait se borner à demeurer dans le domaine de la spéculation pure. Il s'imagine avoir fait de grandes découvertes et il accable les savants de communications qui ne furent sans doute pas toutes accueillies avec beaucoup d'égards.

Enfin, un beau matin, il croit avoir trouvé

sa véritable voie. La vie militaire, avec ses hasards, son imprévu, ses surprises, le tente, et, non sans crânerie, il s'engage dans un régiment qui tient garnison à Toulouse, avec la ferme intention de conquérir l'épaulette dans quelque campagne. Mais il avait de la mauvaise chance : la France était, alors, en paix avec l'Europe. Il n'y a point de laurier à cueillir ; il n'y a à mener que l'existence, fastidieuse pour un brouillon comme lui, de la caserne. Se borner à faire l'exercice, sous les ordres d'un « appointé » brutal, quand on a passé par l'Église et par le palais ! C'était dur pour un homme à grands projets, comme Bannières !

L'exercice du mousquet et les parades lui laissaient pourtant quelque loisir. C'est à ce moment que se révèle sa vocation poétique. Comment n'y avait-il point songé ? Les Muses l'appelaient, et il n'avait pas entendu leur voix ! Il s'agit de réparer, en hâte, le temps perdu, et il s'attelle à une vaste tragédie, sur le sujet qui avait jadis séduit Jacques Grévin et qui lui avait inspiré ces vers fameux :

Et quand on parlera de César et de Rome,
Qu'on se souvienne aussi qu'il a esté un homme,
Un Brute, le vengeur de toute cruauté,
Qui aura, d'un seul coup, gagné la liberté...

Il compose donc, lui aussi, sa *Mort de César*. Une fois qu'il a écrit sa tragédie, qu'il estime, de bonne foi, la plus belle du monde, il s'occupe de la faire représenter au théâtre de Toulouse, et, ne trouvant point d'acteur à son gré pour interpréter ses alexandrins, il joue lui-même le rôle de Brutus. Il avait un accent du diable, mais, à Toulouse, on ne devait point s'en apercevoir : Bannières goûta l'ivresse du succès. C'est ce succès local qui le devait perdre !

Le théâtre allait, désormais, le prendre tout entier. Il avait éprouvé, en somme, plus de plaisir à jouer sa tragédie devant la foule, domptée par son organe sonore, qu'il n'en avait eu à l'écrire. Se heurter au public, triompher de lui, le forcer aux applaudissements, rien n'allait mieux à ses instincts de combativité.

Mais l'ambition lui venait, en même temps.

Toulouse, encore que Toulouse fût une grande ville, ce n'était que la province! C'est Paris qui l'attirait; Paris seul semblait lui offrir une scène digne de lui. Il s'en va bravement à Paris. On ne sait pas trop comment il quitta son régiment. Ce serait pourtant un point décisif à établir, dans son odyssée bouffonne et pitoyable. La suite de l'histoire va le prouver.

C'était au mois de juin 1729. J'ai dit que Bannières avait de l'aplomb. Il le montra, en cette occasion. Il se présente tout droit aux gentilshommes de la chambre, qui avaient la haute main sur les affaires de la Comédie. Il les étonne par sa verve, il les amuse par sa belle humeur, il les séduit par les extravagantes promesses qu'il leur fait, par les récits qu'il leur conte de ses succès à Toulouse. Moitié en riant, moitié avec quelque confiance dans les talents d'un homme qui pensait tant de bien de soi, on donne à Bannières un ordre de début. C'est dans *Mithridate* qu'il doit paraître pour la première fois devant le public parisien.

Les chroniques contemporaines narrent, sur

un ton badin, et peut-être avec quelque exagération plaisante, la soirée de débuts de ce comédien provincial qui venait conquérir Paris, avec une si tranquille assurance. Faut-il croire l'anecdote qui rapporte que, avant d'entrer en scène, il s'adressa au souffleur et lui déclara qu'il était si sûr de sa mémoire qu'il lui « défendait » de venir à son aide, « quand même il paraîtrait manquer » ? Ce singulier homme, qui ne doutait de rien, était capable, dans son bel appétit de réclame (un mot qu'il eût inventé, au besoin !), de ces menues excentricités.

La toile se lève. La représentation commence. Arbate et Xipharès, puis Pharnace et Monime, disent leur rôle. Enfin, au deuxième acte, Bannières paraît, sous le costume, assez peu antique, comme c'était la mode alors, de Mithridate. On l'attend dans ses premiers vers :

Princes, quelques raisons que vous me puissiez dire,
Votre devoir ici n'a point dû vous conduire...

Mais point. Il s'avance sur le bord de la

scène, salue le public et entame une harangue,
où il fait un compliment aux spectateurs, leur
raconte sa vie mouvementée, avec un entrain
endiablé, leur parle d'une foule de choses inattendues, réclame toute leur attention, en laissant entendre que ce n'est pas pour eux un
médiocre honneur que de l'entendre, lui, le
triomphateur de Toulouse ! On est surpris, on
rit, on l'applaudit. Il était, au reste, bien fait
de sa personne et il avait bonne mine. C'est
alors seulement qu'il commence son rôle.

Hélas ! dans la déclamation, il n'est plus
aussi brillant que dans la harangue. Son accent, qui reparaît terriblement, fait des siennes.
On rit de nouveau, — mais ce n'est plus de la
même façon ! — Bannières continue, pourtant,
sans se troubler. Mais, au moment où le rideau va se baisser, sur son échec complet, il
interpelle encore le public, car il avait la rage
de parler. « Messieurs, dit-il, la leçon que je
viens de recevoir est humiliante, mais je vous
invite à revenir, samedi, voir si j'aurai su en
profiter ! »

C'était toujours de l'aplomb, même dans l'humilité, et, au théâtre, l'aplomb, c'est beaucoup ! On revient, par jeu, revoir Bannières, en effet ; on s'attend à avoir à le railler. Mais non, il s'est transformé ; il a réellement profité de la leçon, comme il l'avait promis. Son jeu n'est plus exagéré et ridicule ; il est sobre et dramatique... C'est du moins ce que racontent les chroniques, car le phénomène de cette métamorphose, encore qu'il s'agisse d'un intrépide Gascon, et de cette métamorphose opérée en trois jours, peut nous paraître, à bon droit, un peu bien étonnant.

Quoi qu'il en soit, le succès, dû ou non à d'autres causes, couronne cette fois les efforts de Bannières, qui, comme il l'avait décidé, a conquis enfin le parterre parisien. Il paraît successivement avec faveur dans *Athalie*, dans *Iphigénie*, et, abordant la comédie, dans les *Ménechmes*. Il est acclamé, il est célèbre...

Redoutable célébrité, car Bannières n'avait pas eu la prudence de changer de nom, et, pendant qu'il se faisait applaudir, en s'estimant l'homme le plus heureux du monde, on le recherchait comme déserteur. Un soir, à la Comédie même, il est arrêté, ramené à Toulouse et traduit devant un conseil de guerre. Il avait affaire à un colonel qui ne badinait point et qui n'aimait pas le théâtre, faut-il croire.

On rapporte qu'il chercha à se défendre en arguant qu'il était pourvu d'un congé régulier, mais que, ce congé, il avait eu le malheur de le perdre. Si sommaire que pût être la comptabilité des corps, à cette époque, il semble difficile à croire qu'il ne fût pas resté de traces, dans les registres du régiment, d'un congé accordé. Bannières était donc vraisemblablement dans son tort. Mais le jugement rendu contre lui fut terrible. Le conseil de guerre, impitoyable, le condamna à être fusillé.

Et il le fut, le pauvre homme, vraie victime du théâtre, dans le sens exact du mot : il le fut, malgré les démarches tentées en sa faveur pour l'arracher aux sévérités des autorités militaires. Lui qui avait triomphé d'un parterre rebelle, il ne put attendrir ses juges. L'infortuné Mithridate, coupable d'avoir oublié qu'il était soldat, finit devant un peloton d'exécution, et sans doute, en marchant au supplice, il se rappelait ce vers de son rôle :

La mort dans mes projets m'a seule interrompu.

C'était un châtiment qui paraît bien inexorable, et Bannières payait cher sa passion de la scène. Mais n'y a-t-il pas, dans la piteuse histoire de ce comédien si mal encouragé, une certaine part de légende?

II

L'ANDRÉINI

M. Charles Gueulette — à qui nous devons la publication d'un inestimable trésor de rire, les *Parades* de son grand-oncle, le jovial président Thomas Gueulette, un magistrat qui ne se piquait pas d'être toujours austère — s'est épris d'une physionomie théâtrale du passé, et ce qui est le fait de tous les amoureux, l' « objet aimé » fût-il une belle personne endormie depuis des siècles, il a éprouvé le besoin de chanter ses louanges. Ainsi M. Cousin courtisait-il, deux cents ans après sa mort, Mme de Longueville; ainsi Philoxène Boyer brûlait-il pour Marie-Antoinette, ainsi Hippolyte Auger soupirait-il pour Marie Stuart. Ce ne sont pas des passions très dangereuses que celles qui ne s'adressent qu'à des ombres!

La passion de M. Charles Gueulette ne peut être, toutefois, qu'une passion respectueuse. Voyez la malechance ! Il faut qu'il s'amourache précisément d'une des rares comédiennes d'autrefois en qui s'incarnèrent les plus parfaites vertus, d'une comédienne qui fut une épouse accomplie et une mère incomparable, tout en étant la plus séduisante des actrices. Aucun espoir d'un flirtage posthume avec elle ! Son histoire est là pour attester qu'on ne peut pas se livrer à de menues familiarités avec sa mémoire. La tendresse de M. Gueulette est donc toute désintéressée. Ce n'est qu'avec la plus complète déférence pour tant de singuliers mérites qu'il a évoqué son souvenir et qu'il s'est attaché à faire revivre un instant cette reine du théâtre de jadis, morte à l'aurore du dix-septième siècle.

Son étude sur la « divine » Andreïni m'a particulièrement intéressé, parce qu'il m'est arrivé, plus d'une fois, de m'arrêter devant un tableau qui se trouve au musée Carnavalet, et qui la représente en Isabelle. L'œuvre est assez médiocre, mais on sent, à je ne sais quelle saveur de sincérité, que le portrait devait être ressemblant. En ce gracieux visage, malgré le sourire qui l'éclaire, il y a une pointe de mélancolie et un petit brin d'énigme. Il semble avoir la prédestination des êtres qui meurent jeunes. L'Andreïni devait, en effet, quitter ce monde avant d'avoir eu à redouter la première ride.

Cette vertu de la comédienne ne laissait pas d'étonner les contemporains, le roi Henri IV tout le premier, qui lui témoigna son admiration — et sa surprise, si vous voulez — par des égards peu ordinaires. Mais elle avait d'autres titres à l'admiration publique : le charme de son jeu et son esprit. C'est pour cela qu'il a paru à M. Gueulette que cette étoile d'antan, qui fut la perle du Théâtre-Italien, valait la peine qu'on ressuscitât son souvenir. Il a, au reste, hérité sa passion pour elle de son grand-oncle. Le président, écrivant l'histoire de l'ancien Théâtre-Italien, s'arrêtait galamment devant la figure de l'Andreïni et écrivait cette note, d'une plume enthousiaste : « Autant recommandable par sa vertu que par sa beauté, elle a illustré la profession de comédienne de telle façon que, tant que le monde durera, et jusqu'à la fin des siècles, ce nom célèbre sera en vénération. »

Peste ! quel langage tenait là le président ! « Jusqu'à la fin des siècles, » c'était beaucoup dire. Malgré cette affirmation, il faut bien confesser que ce nom « célèbre » est un peu oublié aujourd'hui.

L'Andreïni ne fut pas seulement une actrice, cependant, elle fut aussi une académicienne ! Elle ne se bornait pas à interpréter les œuvres d'autrui ; elle était poète, et ce furent ses poésies — chansons, sonnets et pastorales — qui lui valurent un siège à l'Académie des *Intenti* de Florence.

Elle était née à Padoue, en 1562, et elle avait tôt parlé la langue des vers. Presque enfant encore, elle était couronnée de lauriers à Rome, par le neveu du pape Clément VIII, et on plaçait son portrait entre celui de Pétrarque et celui de l'Arioste. Ces témoignages d'estime ont ému le cœur de M. Charles Gueulette, et il raconte cette cérémonie avec autant de chaleur que s'il venait d'y assister. A seize ans, elle paraissait sur la scène. Les chroniqueurs de son temps la dépeignent comme merveilleusement belle. Sa taille était souple et élancée, son visage présentait une rare pureté de lignes, une opulente chevelure ceignait sa tête d'un diadème, et de toute sa personne se dégageait un charme vainqueur « qui allumait le désir en même temps qu'il le réduisait au silence ». La phrase n'est-elle pas d'un tour ingénieux ?

Telle était la personne physique de l'Andreïni. Vous pensez bien que M. Gueulette ne trace pas un crayon moins attendri de sa personne morale. Un heureux homme avait su lui plaire et on proclame qu'elle n'aima jamais que son mari, Francesco Andreïni. C'était un simple comédien comme elle, auteur de la plupart des canevas sur lesquels s'exerçait la verve des Gelosi, car elle appartenait à cette compagnie fameuse. Ce couple était, paraît-il, tout à fait édifiant en dehors du théâtre, et, sur les planches, étincelant.

L'Andreïni fit son apparation à Paris, en 1600. C'était la troisièmefois que les Gelosi venaient en France, mais ce ménage d'artistes incomparables faisait, lui, le voyage pour la première fois. Francesco Andreïni était un homme précieux dans la troupe. Outre qu'il parlait couramment six langues et qu'il jouait de tous les instruments, il tenait à la satisfaction générale divers emplois, selon les cas, celui du docteur, celui du capitan et celui du magicien. Sa femme jouait l'Isabelle, de façon à affoler d'amour les spectateurs. Mais ceux-ci devaient se borner à applaudir leur idole ! A côté de cette Isabelle sans rivale pâlissait fort la signora Sylvia Rongali qui jouait les soubrettes et les travestis. Pourtant — exemple à peu près unique sans doute dans les annales du théâtre — aucun de ses camarades n'éprouvait de jalousie à son égard. Sur ce point-là, je voudrais bien pouvoir ajouter la même créance que sur les autres : je confesse, tout de même, que ce détail me semble un peu extraordinaire.

Les Gelosi s'étaient installés dans la salle de l'hôtel de Bourgogne, et ils alternaient avec les comédiens français, vivant, ce qui était aussi nouveau, en assez bonne intelligence avec eux. L'Isabelle, décidément, savait subjuguer tout le monde !

Elle s'était à peine montrée sur la scène que les sonnets pleuvaient, exaltant ses mérites. Un sieur de la Roque, admirateur fervent, donnant sa note dans ce concert de louanges, ne craignant pas de risquer les figures poétiques les plus aventureuses, en son honneur : « O siècle bienheureux ! s'écriait-il lyriquement,

... O siècle heureux, qui jouis, favorable,
Du bien par qui nos maux, tous les jours, sont distraits,
Dont la bouche et les yeux jettent de si doux traits
Que qui ne les ressent est le plus misérable...
... C'est une autre Sapho qui peut, avec ses vers,
Donner lustre à son sexe, enflammer l'univers
Et faire écrire Amour, des plumes de son aile ! »

C'est le cas de dire que la chute de ce sonnet était amoureuse et galante !

Les Gelosi improvisaient. C'était le beau

temps de la *commedia dell'arte*. Les farces n'étaient pas toujours d'un goût bien raffiné. « Leurs comédies n'enseignent que paillardises, » disait un prédicateur indigné. Mais le public se souciait peu des foudres de ce fâcheux, et goûtait passionnément la verve, la crânerie, la prestesse, l'imagination endiablée des acteurs italiens. L'Andreïni, au milieu de ces plaisanteries de haute graisse, souvent, gardait un talent chaste, et elle semait « l'or et les fleurs de sa poésie » sur les canevas qui lui étaient confiés.

Dieu sait si la Muse fut mise à de rudes épreuves pour la célébrer! M. Gueulette s'est plu à réimprimer quelques-unes de ces pièces qui, avec une intention meilleure que la forme, la portaient aux nues. Ainsi un autre versificateur s'écriait, dans ses transports :

> Bref, on ne saurait voir, touché de ses attraits,
> Rien de plus admiré, rien de plus admirable...

Quatre années durant, l'Andreïni fit les délices de Paris et les faveurs de la cour furent prodiguées à cette charmeresse. Pourtant elle eut la nostalgie de son pays, elle voulut revoir l'Italie et elle sollicita la permission de quitter la France. Ce fut un deuil général, et ses fanatiques la conjurèrent de changer d'avis. On implorait, au moins, comme une grâce, un retard à sa décision. Isaac du Ryer, qui, déjà, avait écrit, une fois, en parlant d'elle :

> Je ne crois pas qu'Isabelle
> Soit une femme mortelle.
> C'est plutôt quelqu'un des dieux
> Qui s'est déguisé en femme...

Isaac du Ryer se fit l'écho du chagrin public, en des strophes qui ne laissent pas d'être curieuses :

> Divin esprit, dont la France
> Adorera l'excellence
> Mille ans après son trépas,
> — Paris vaut bien l'Italie, —
> L'assistance te supplie
> Que tu ne t'en ailles pas !

Mais ces prières furent inutiles. En mai 1604, le roi écrivait, non sans quelque dépit, ce billet au gouverneur de Lyon : « Monsieur de Villeroi, je vous fais ce mot pour vous dire que j'ay permis à Ysabelle, comédiante, et à sa compagnie, de s'en retourner en Italie... »

Elle ne devait pas revoir l'Italie, cependant. A Lyon, en juin, « victime d'un accident qui brisa les espérances d'une maternité prochaine, » comme dit, décemment, M. Gueulette, l'Andreïni succombait brusquement. Nous avons son acte de décès, enregistré à la procure de Sainte-Croix de Lyon. Il est fort singulier par le fait qu'il tranche sur la sécheresse des documents de ce genre. Le clergé lui-même rendait hommage à la comédiene : « Le vendredi XI juing, après vespres, a été enterré le corps de feu dame Élisabeth Andreiny, native de Padoue, vivante fame du sieur Francesco Andréni, — remarquez combien peu on attachait d'importance à l'orthographe des noms propres, — de son estat comédien. Elle est décédée avec le commun bruit d'estre une des plus rares femmes du monde, tant pour estre docte que bien disante en plusieurs sortes de langues.

Ilz ont donné pour les droictz cinq escuz et cinq pour la permission de mettre une pierre avec son nom et ses armes auprès du pilier du bénitier. » Rare faveur que celle que lui accordait là l'Église !

Elle avait eu des funérailles pompeuses. Les échevins de Lyon avaient envoyé les bannières de la ville. On frappa des médailles en son honneur. Plus tard, son fils Giovanni-Battista alla jusqu'à réclamer pour elle une auréole de sainte !

Telle fut cette Andreïni, que M. Guculette a l'air, avec quelque malice, de proposer comme exemple aux actrices d'aujourd'hui.

III

Mlle SAINVAL

Vous plaît-il que nous suivions M. Paul Pourot dans l'étude qu'il a consacrée à une actrice illustre du dix-huitième siècle, Mlle Sainval (ou Saint-Val), dont Mme Riccoboni disait : « Son visage est une grimace ; quand elle s'anime, c'est une furie. » A ce « laideron », dont elle était terriblement jalouse, Mlle Clairon, toute dépitée qu'elle fût de ses succès, reconnaissait « un charmant talent ». Elle eut à la Comédie douze ans de gloire, chèrement payés par une cruelle et subite disgrâce. De son existence privée, on ne savait pas grand'chose, si ce n'est — toujours par cette lettre de Mme Riccoboni — qu'elle avait un amant qui la maltraitait fort : « Le duc de Duras et le lieutenant de police ont voulu en imposer à ce terrible amant, mais l'actrice tragique en est contente, elle le veut et on le lui laisse... »

Mlle Sainval était d'une bonne famille de Provence. Son père était M. Alziary, seigneur de Roquefort, près de Grasse, et, par sa naissance, elle ne semblait pas être destinée au théâtre. Sa vocation l'emporta sur tout. Sa sœur cadette l'imita, et monta, comme elle, sur les planches, pendant que leur frère poursuivait une honorable carrière militaire, qui se termina glorieusement pendant la Révolution. Un arrière-petit-fils de ce très brave soldat porte encore, aujourd'hui, son nom.

Mlle Sainval, engagée en 1767 à la Comédie, pour jouer « les reines et les femmes délaissées », y réussit rapidement. Elle fut, d'après le témoignage des contemporains, une Athalie, une Sémiramis, une Mérope incomparable.

Je mets tous mes talents en dépôt dans ton cœur,

écrivait Voltaire, en parlant d'elle, dans une épître en vers où il se montrait passablement ingrat pour les autres interprètes, se plaignant d'elles, en les nommant.

Ce qui rend l'étude de M. Pourot intéressante et digne d'être relevée, c'est le soin avec lequel il a réuni une série de documents qui équivoquent les hommages qui s'adressaient, à la fin du siècle dernier, à une « étoile » en tournée. Mlle Sainval eut fort, en effet, ce goût des « tournées », et elle fut l'actrice la plus voyageuse de son temps. L'histoire de ces démonstrations d'enthousiasme forme un piquant petit chapitre d'histoire théâtrale. Quelques triomphes qu'aient pu connaître, dans leurs représentations à travers le monde, certaines de nos comédiennes d'aujourd'hui, ils sont pâles, à côté des manifestations que prodiguèrent nos aïeux à Mlle Sainval.

A Aix, on la vient supplier de prolonger son séjour. A Avignon, on lui parle comme à une déesse, et, tandis qu'on lui offre une couronne d'or, un poète, s'avançant sur la scène, semble lui rendre un véritable culte, et s'écrie lyriquement :

> Quand en tous lieux avec délire
> Tu vis accueillir tes talents,

Oserais-je, suivant le transport qui m'inspire,
Faire à tes pieds ici fumer un grain d'encens?...

A Nîmes, on imprime les vers composés en son honneur, aux frais de la ville. Elle marche dans un cortège poétique; elle est célébrée sur tous les rhythmes. M. Pouro*a entre les mains ces monceaux de rimes, conservées par le petit neveu de l'actrice. Il en est de bien plaisamment naïves. Une fois, elle reçoit un acrostiche monumental de soixante-dix vers, dont les premières lettres forment ces mots : « Le triomphe du talent par l'auteur de l'épître à mademoiselle Sainval. *Fecit* à Avignon. » Un autre Avignonnais se place au « paradis » du théâtre pour jeter de là sa couronne, « afin qu'elle paraisse tomber du ciel » !

A Montpellier, Mlle Sainval a, par hasard, trouvé un détracteur. Il s'est permis contre elle une innocente satire. On exige de lui des excuses publiques et le malencontreux billet est brûlé solennellement, dans une urne, sur la scène, avec une pompe expiatoire. Nul crime ne paraît pire que celui-là ! Il ne semble pas qu'il y ait de témérité comparable à celle de cette incongrue divergence d'opinion avec la foule.

A Metz, on la harangue pour lui dire « qu'elle a de Melpomène augmenté la splendeur ». A Bordeaux, on l'assure, par avance, de son « immortalité ». Ailleurs on la proclame, sur le théâtre, dans une cérémonie symbolique, « fille du dieu des arts », ce qui ne laisse pas d'être coquet. A Bruxelles, on l'encense véritablement, et on lui vient chanter sur le théâtre une romance dont le dernier couplet finit par ce trait étonnant :

> Quand sur la scène l'on efface
> Une Clairon,
> On peut prétendre sans audace
> D'avoir avec les Muses place
> Près d'Apollon...

Nulle actrice, assurément, ne reçut autant d'hommages poétiques. M. Pourot, remuant tous ces feuillets jaunis, ne s'est pas fait faute de les citer. Il serait fastidieux de le suivre dans ces citations, d'autant que ces vers sont la plupart du temps médiocres ; mais ils attestent la chaleur des témoignages d'admiration que récoltait Mlle Sainval, dans ses tournées. C'est pour elle qu'on imagina de lâcher sur le théâtre des colombes avec des palmes dans le bec. Une autre fois, un spectateur, au comble du délire, se précipite sur la scène et développe en quatre points l'apologie de la Sainval, à savoir : que ses talents sont divins, qu'on ne peut pas jouer mieux qu'elle, que la louange n'a plus d'expression digne de lui être appliquée, et que l'histoire la célébrera parmi les femmes illustres. Et cet étrange discours est accueilli par des transports.

On pense bien que les vers, qui étaient envoyés à Mlle Sainval non seulement par des admirateurs désintéressés, mais par des adorateurs passionnés, oubliant, pour l'avoir vue dans ses rôles tragiques, qu'elle n'était point belle, ne font pas défaut dans les documents recueillis par M. Pourot. Ces déclarations lui étaient adressées encore, alors qu'elle avait quarante-quatre ans. Il reste ainsi les strophes d'un amoureux qui avait eu besoin de vingt et un couplets pour peindre sa flamme. Le dernier exprimait, avec une foule de points de suspension bien sentis, sa douleur en apprenant le départ de l'actrice :

> ... Mais, ô ciel ! ô moment funeste !
> Sainval, quel moment pour mon cœur !
> Ma voix s'éteint... tu fuis... je reste
> Et... je suc...combe... à... mon malheur !

On ne dit pas si ces doléances déterminèrent la comédienne à différer son départ... Elle était blasée, depuis longtemps, sur ces tendres plaintes, comme elle l'était sur les éloges. Ce n'était pas seulement aux représentations qu'elle était couverte de couronnes ; pendant ses répétitions, on forçait la porte du théâtre pour lui en remettre d'autres.

Mais ses camarades de la Comédie supportaient malaisément ses triomphes. En rentrant d'une de ces « tournées » qu'elle avait innovées, elle trouvait une hostilité ouverte dans le théâtre. On avait intrigué contre elle ; on lui avait retiré ses rôles, pour les donner à Mlle Vestris, et le lieutenant de police en venait à lui faire défense, sous peine d'une incarcération au Fort-l'Évêque, de jouer les tragédies où elle avait le plus brillé. Le procédé ne laissait pas d'être singulier.

Elle avait bec et ongles ; elle se révolta, elle fit répandre quelques mordantes satires contre Mlle Vestris et contre les gentilshommes de la chambre, ses protecteurs. Elle leur avait dit de dures vérités : pour le coup, sa disgrâce fut complète, et elle fut éclatante. Il lui fut ordonné par le roi (c'était en mai 1779) non seulement de quitter la Comédie, mais même de quitter Paris. L'histoire de la vie artistique de Mlle Sainval est caractéristique ; c'est, en raccourci, l'histoire des mœurs théâtrales du temps.

La province lui demeurait fidèle : « Que t'importe, lui écrivait-on d'Avignon,

> ... Que t'importe si dans Athène
> L'ostracisme osa les punir (tes talents) ?
> De cette erreur, entends gémir
> Les nymphes justes de la Seine.
> ... Souviens-toi de celles du Rhône !

Mlle Sainval traversa paisiblement, retirée en un village du Midi, la période de la Révolution, puis elle rentra à Paris, où elle se borna... à se souvenir de ses succès, sans avoir l'imprudence de tenter tardivement de les renouveler. Elle écrivait volontiers, et elle écrivait complaisamment sur son compte, ou elle formulait, pour les tragédiennes futures, des conseils un peu solennels : « Il faut toujours respecter les principes reçus et tout ce qui tient à la décence publique et religieuse... La dissolution, la dépravation ne peuvent s'accorder avec le grand talent... On ne peut peindre ce qu'on ne sent pas, etc. » Ce sont, à la vérité, leçons assez banales, et on pouvait attendre des enseignements plus précis de la part d'une actrice qui avait tenu une si grande place au théâtre.

Mlle Sainval mourut très âgée, en 1830, dans sa maison de la cour des Fontaines. Elle avait, ainsi qu'en fait foi la lettre de part de son décès, reproduite par M. Pourot, quatre-vingt-sept ans. Cette lettre était envoyée au nom de ses neveux et nièces et au nom d'un de ses vieux amis, M. Nozeret, qui lui avait fermé les yeux.

Le comité des inscriptions parisiennes devrait peut-être une plaque de marbre, sur une des maisons habitées par elle, à cette tragédienne fameuse. Nous la demandons pour sa mémoire.

V

AUTOUR DU THÉATRE

I

Mme DE BEAUMARCHAIS

I

La prodigieuse personnalité de Beaumarchais offre des aspects multiples. A côté de l'auteur dramatique, donnant deux chefs-d'œuvre à la scène française, les chercheurs et les curieux peuvent considérer en lui l'extraordinaire homme d'affaires, le viveur, le polémiste, l'agent secret, l'inventeur, le plaideur. En ce remuant, en ce fiévreux Beaumarchais, M. Bonneville de Marsangy a eu l'idée bourgeoise de montrer « le bon époux ». Il a absolument voulu trouver toutes les vertus domestiques chez l'audacieux écrivain, et, comme tous les contrastes se rencontrent chez Beaumarchais, il a pu, en effet, montrer en lui le mari excellent. Cette étude n'a pas une importance capitale : elle ne laisse pas, en somme, d'avoir sa petite originalité.

Beaumarchais, il est vrai, était, en fait de mariage, homme d'expérience. On sait qu'il eut trois femmes. C'est l'histoire de sa dernière union qui a tenté M. Bonneville de Marsangy, ayant eu en main les papiers et les lettres intimes de la troisième Mme de Beaumarchais. Au reste, c'est avec celle-ci que l'auteur du *Mariage de Figaro* put donner sa mesure, comme époux, car ses deux premiers mariages avaient été fort courts. Jusqu'en 1786, il ne permet guère à ceux de ses biographes qui sont tentés par ce côté familial que de l'étudier... comme veuf.

Infiniment séduisant et brillant, il devait inspirer de nombreuses passions, qu'il partagea parfois sincèrement, auxquelles il répondait le plus souvent, par habitude de galanterie. Chacune de ses trois femmes s'offrit positivement à lui. Il était encore le jeune horloger Caron lorsqu'il contracta son premier mariage avec la veuve du bonhomme Francquet, contrôleur de la bouche, qu'il avait déjà consolée, du vivant de Francquet, de ses ennuis de jolie femme unie à un vieillard. Mme Francquet, avec sa petite fortune, donnait un commencement de satisfaction à ses ambitions. Grâce à elle, Beaumarchais acquérait un office à la cour et faisait figure dans le monde. Le sort le sépara vite de cette compagne. Moins d'un an après qu'elle eut pris son nom, elle mourait d'une « mauvaise fièvre ». Il ne reste pas de lettres de cette Madeleine Aubertin, veuve Francquet, femme Caron, mais il en reste de sa sœur, et celle-ci déclare son beau-frère « bon, sensible et généreux ».

Voici donc un premier certificat d'époux modèle donné par M. Bonneville de Marsangy à Beaumarchais. Onze ans se passent avant qu'il songe à convoler en secondes noces. Il a singulièrement fait son chemin ; il a été le cavalier à la mode et le protégé de Mesdames, il a fait grande impression à Versailles, il s'est associé avec le financier Pâris-Duverney, il a acquis la noblesse, il a fait jouer son premier drame, *Eugénie*. Il ne paraît plus trop songer au mariage lorsqu'une délicieuse veuve, fort riche celle-là, s'éprend furieusement de lui. Beaumarchais se laisse séduire, une rencontre est arrangée par des amis communs, aux Champs-Élysées, et la veuve mène si rondement les choses qu'un mois après cette rencontre elle est conduite par Beaumarchais à l'église Saint-Eustache. Elle lui a fait jurer d'être fidèle, « de ne point la laisser dans un lit solitaire en proie à tous les soupçons de la jalousie ». Beaumarchais a juré.

Second certificat de M. de Marsangy. Il cite les billets les plus tendres adressés par Beaumarchais à sa femme ; il montre en lui le plus dévoué des gardes-malades lorsque la phtisie mine implacablement celle qui était si fière d'être à lui. Elle meurt au bout de deux ans, et le voici encore veuf.

D'extraordinaires occupations peuvent apporter quelque diversion à sa douleur. Il traverse une des crises les plus agitées de son existence : il soutient ses grands procès contre Goezman, il est chargé de missions singulières, il entreprend des voyages accidentés. Puis il donne le *Barbier de Séville.* Il est l'homme du jour, fêté, célébré. « On en raffole ! » s'écrie Grimm. Il est fournisseur, banquier, armateur, il est devenu l'apôtre de la cause des États-Unis. Il fait tout, il est partout. Le *Mariage de Figaro* vient d'être représenté, après combien d'obstacles dont il a triomphé, comme il triomphe de toutes choses ! Il a la fortune et la gloire.

C'est à ce moment — il a déjà cinquante-deux ans — qu'il subit le charme de celle qui va devenir sa troisième femme, Mlle Willermaula, de nationalité suisse. Elle aussi, elle s'est à peu près jetée à sa tête, si réservée qu'elle soit d'habitude. Mais l'âge ne semble pas avoir de prise sur Beaumarchais, et elle ne rêve que de lui. L'examen d'une harpe a été le prétexte de la rencontre, dont l'effet a été foudroyant sur les deux intéressés. Beaumarchais, l'heureux Beaumarchais, qui a dompté le sort, se sent tout à coup des goûts d'homme d'intérieur, et il épouse Mlle Willermaula, éblouie de son bonheur. Elle n'est plus toute jeune, en effet, elle n'est pas grandement apparentée et elle n'est pas riche. Elle est fort belle, il est vrai. Il n'en va pas moins que ce mariage est une victoire inespérée pour cette étrangère.

Elle, elle survivra à Beaumarchais, et c'est cette figure qu'évoque longuement M. de Marsangy. Au reste, il y a des heures, dans la vie de cette troisième Mme Beaumarchais, qui méritent de la faire sortir de l'obscurité où on l'a généralement laissée. Pendant la Révolution, elle montrera du caractère et du courage, — oui, vraiment, plus que de la dignité. Elle défendra énergiquement son mari absent et, dans cette tâche, rien ne l'arrêtera.

II

Dans cette nouvelle union, Beaumarchais mérite les éloges particuliers, dont ne se souciait peut-être pas beaucoup l'histoire, de M. de Marsangy. Il admire en lui le mari prévenant, empressé, heureux dans son foyer et jaloux de rendre heureux les siens. Il s'attendrit en le voyant, dans sa fastueuse maison du faubourg Saint-Antoine, faire trêve à ses innombrables travaux pour s'adonner aux joies de la famille, — ce qui ne l'empêche pas de mener grand train. — Il faut qu'il nous fasse constater, et de près, que Beaumarchais est le parfait époux, Il ne nous en coûte rien d'acquiescer à ce qui semble tant lui tenir à cœur.

Mais le tableau de ce bonheur conjugal de l'entreprenant et si vivant écrivain ne laisserait pas d'être un peu monotone, s'il se prolongeait. Le moment est venu où, dans l'époque la plus dramatique qui soit, Mme Beaumarchais va sortir de cette ombre discrète.

La Révolution a jeté Beaumarchais dans de nouvelles aventures. Il a été dénoncé comme accapareur d'armes et de blés, la foule a envahi sa luxueuse maison, il a été arrêté et conduit à l'Abbaye, dont une de ses anciennes maîtresses a réussi à le tirer ; puis il s'est lancé dans la mystérieuse affaire des soixante mille fusils de Hollande, qu'il veut rétrocéder au gouvernement révolutionnaire ; il s'est fait confier une mission à l'étranger, il a été arrêté en Angleterre... Les événements ont marché vite. En novembre 1792, un décret d'accusation est rendu contre lui comme suspect. Mme de Beaumarchais était au Havre, où elle se trouvait en sûreté. Elle accourt à Paris pour défendre les intérêts de son mari. Elle proteste contre l'apposition des scellés sur la maison du faubourg Saint-Antoine, elle obtient un sursis de deux mois au décret d'accusation. Mais Beaumarchais, revenu pour quelques jours, est reparti pour l'étranger, poursuivant toujours ses négociations relatives aux fusils. Son absence prolongée fait renaître les soupçons; les temps sont devenus plus âpres encore. Cette fois, le département de Paris l'inscrit sur la liste des émigrés.

Mme de Beaumarchais reprend la campagne. Elle n'a plus à compter, maintenant, sur aucun appui ; c'est avec ses seules ressources qu'elle doit agir. Elle ne se laisse pas abattre par les épreuves, et elle se rend au comité de Salut public. Elle finit par faire admettre que son mari a quitté le territoire de la République en vertu d'une mission, et, sur ses instances opiniâtres, le nom de Beaumarchais est rayé de la liste. Elle croit avoir triomphé. Peu de temps après, le comité de sûreté générale s'inquiète encore de la situation de Beaumarchais. Sa femme, que rien ne rebute, se présente au comité et développe, encore une fois, les arguments dont elle s'est servie. Mais ils sont vains, à présent : Beaumarchais est définitivement compris parmi les émigrés.

Il reste encore dans l'hôtel du faubourg Saint-Antoine des papiers qui pourraient être compromettants. Mme de Beaumarchais s'y introduit et les brûle en une nuit. L'acte était téméraire; elle risquait sa vie. Cependant, sous peine d'être déclarée suspecte, — et elle tenait à la liberté pour sauvegarder encore ce qu'elle pouvait, — elle est obligée, selon le décret de la Convention, de divorcer. Elle comparaît donc devant le comité révolutionnaire, mais c'est avec fermeté qu'elle fait des restrictions : — « Les décrets, dit-elle, m'obligent à demander le divorce; j'obéis, quoique mon mari, chargé d'une commission, ne soit point émigré, quoiqu'il n'ait jamais eu la pensée d'émigrer. Je l'atteste et je connais bien son cœur. Il se tirera de cette accusation comme des autres, et j'aurai la satisfaction de l'épouser une seconde fois, selon les lois nouvelles. »

Cette déclaration n'était pas sans vaillance. Elle lui devait nuire. Deux mois plus tard, elle était arrêtée à Boissy-Saint-Léger, et incarcérée à la prison du Plessis-Égalité, puis transférée à Port-Libre. Sa fermeté ne l'abandonna point. Rendue à la liberté, la misère l'attendait. Où était le temps des folies de luxe de la maison du faubourg Saint-Antoine? Un jour qu'elle s'est procuré quelques assignats, elle écrit à Beaumarchais qu'elle a donné un grand dîner : « Une assiette de haricots, deux pommes de terre, beaucoup d'eau. Ta fille veut un caniche pour lui servir de serviette et nettoyer son assiette. » Mais elle prend gaiement son parti des privations. Ce à quoi elle s'occupe, c'est à entreprendre de nouvelles démarches pour obtenir la radiation de Beaumarchais de la liste des émigrés et, partant, sa libre rentrée en France.

En même temps, elle prépare l'opinion au retour de son mari. Elle fait reprendre les œuvres dramatiques de Beaumarchais, elle veille aux modifications nécessaires à apporter au poème de *Tarare*, à l'Opéra ; elle supprime les passages qui pourraient être dangereux, qui offriraient des allusions fâcheuses. Il y a d'elle, alors, une lettre très curieuse. Elle annonce ces modifications à Beaumarchais et elle pallie, par des arguments ingénieux, les blessures d'amour-propre qu'elles doivent faire subir à l'auteur. Il y a une jolie délicatesse féminine dans ces explications. Il a fallu couper le grand prologue de la Nature, changer bien des vers, en retrancher d'autres ; elle sait que, quelle que soit la situation critique dans laquelle se trouve Beaumarchais, il souffrira de ces mutilations et elle allègue ses raisons : « Le goût public a changé..., l'esprit des spectateurs n'est plus le même, le sublime est en pure perte... » Et elle le rassure sur l'issue de la représentation, en lui parlant des applaudissements qui ont, malgré tout, éclaté. Avec ses pieux artifices, c'est vraiment là un intéressant billet.

Cependant, en juillet 1796, Beaumarchais peut retrouver les siens, et il travaille aussitôt à reconstituer sa fortune, ne parvenant qu'au bout d'un an à faire lever le séquestre de sa maison, si longtemps fermée. Bien que la police voie un moment en lui un conspirateur, c'est alors qu'il est tout à fait homme de foyer, selon le cœur de M. de Marsangy ! Il ne fait plus, comme œuvres littéraires, que de petits couplets pour célébrer des anniversaires intimes, —

l'anniversaire de la naissance de sa fille ou celui de son mariage, — rimes qui, certes, n'ajoutent rien à sa gloire :

> Faisons comme nos bons aïeux,
> Rebuvons tous à tasse pleine...

Il s'occupe de marier sa fille Eugénie, et il lui adresse de vertueuses recommandations; il se félicite du choix de son gendre André Delarue, — qui, par parenthèse, n'est mort, presque centenaire, qu'en 1864, — et la grossesse d'Eugénie lui causera les plus tendres préoccupations. Il est devenu « bonhomme », selon le mot de son ami Gudin. « Bonhomme, » Beaumarchais ! L'épithète ne semble-t-elle pas piquante ?

III

Il faut suivre maintenant Mme de Beaumarchais, après 1799, pendant la période de son veuvage. A la vérité, elle a épuisé tout le romanesque de sa vie durant la Révolution. Son existence sera maintenant toute simple et toute bourgeoise. Mais elle n'a pas vécu impunément dans la société des beaux-esprits. Elle écrit furieusement elle-même et elle se dépense en une abondante correspondance.

Ce qui l'occupe, tout d'abord, c'est la publication d'une édition des œuvres de Beaumarchais. Elle l'entreprend avec le fidèle Gudin, rassemblant tous les matériaux nécessaires, recopiant les manuscrits de « son bon Pierre », se dévouant ardemment à cette tâche. « C'est, écrit-elle à son amie Mme Dujard, la manière la plus triomphante et la plus digne de répondre aux *feuillistes* qui ne vivent que de brigandages, de méchancetés et de calomnies. » Elle en veut aux « feuillistes ». Bien qu'elle ait renoncé à placer en tête de cette édition la vie de Beaumarchais qu'a rédigée Gudin, par crainte des polémiques, la publication fait revivre d'anciennes attaques, et Mme de Beaumarchais s'en afflige : — « Les œuvres de Pierre paraissent, et, déjà, on s'acharne contre ses *Mémoires* avec une insolence et une persévérance qui n'ont d'exemple que contre Voltaire et deux ou trois littérateurs de première ligne. Il n'y a rien à répondre à ces feuillistes-là ; il faudrait les prendre à partie devant un tribunal ; mais, par malheur, il n'y a pas de lois répressives contre les calomniateurs. Il faut tendre le dos et souffrir les nasardes... »

Toute sa correspondance est pleine de souvenirs attendris sur Beaumarchais. Elle le cite constamment, elle rappelle ses paroles, ses jugements, ses opinions sur toutes choses. « Le bon Pierre » revient sans cesse... Et pourtant il faut bien confesser que Mme de Beaumarchais, quelque illustre que fût le nom porté par elle, eut, un moment, la très sérieuse tentation de se remarier. Pour être veuve d'un grand homme, on n'en est pas moins — femme !

Elle était encore belle. Elle-même le constatait, bien qu'elle assurât n'être pas coquette, dans une lettre à son intime amie Mme Dujard : « J'aime à vous répéter que j'ai retrouvé un visage qui m'attire force compliments... La pâleur même a quitté la place et s'est laissé envahir par une petite teinte rosée. La chair est revenue, et quelles chairs ! Elles ont la fermeté qu'elles doivent avoir à vingt ans ! » On ne parle pas plus complaisamment de soi-même. Les compliments lui tournèrent-ils un peu la tête ? Son salon était recherché et elle y recevait une société choisie : parmi ses hôtes accoutumés, y en eut-il un qui se montra particulièrement empressé ? Toujours est-il qu'il s'en fallut de peu que le pauvre Caron de Beaumarchais, tout glorieux qu'il fût (mais c'est un grand défaut que d'être mort !), n'eût un successeur : « — Je ne me défends pas, écrivait-elle, d'avoir eu un goût assez vif (elle avait commencé à écrire *sentiment*, qui est raturé), qui eût pu prendre une consistance et avoir une suite grave, si j'eusse pu écarter des ombres de ce joli tableau... »

Il y eut une crise, assurément, à l'heure, difficile à accepter avec résignation, où la femme entre dans son automne. Elle en triompha, pourtant : « — Je vous assure, disait-elle assez gaillardement à sa confidente, quelque temps après, qu'il n'y a pas de vieux cheval hongre moins vicieux que moi! » Elle oublia ses velléités matrimoniales en menant une existence fort mondaine.

Une de ses lettres évoque un curieux contraste. Elle raconte une soirée de mardi gras donnée en l'honneur de Mme de Genlis, alors dans toute la vogue de son inconcevable renommée. Par une galanterie raffinée, on avait imaginé un à-propos où tous les personnages de la prétentieuse femme de lettres apparaissaient. La chose était de l'invention d'un certain M. du Tremblay, qui avait un culte pour Mme de Genlis. Mme de Beaumarchais et Eugénie Delarue avaient un rôle dans cet intermède. N'est-ce pas une rencontre piquante que la veuve et la fille de l'étincelant auteur du *Mariage de Figaro* prenant une part active à cet hommage rendu au plat écrivain du *Théâtre d'éducation.*

Mais Mme de Beaumarchais vieillit ; elle s'occupe de politique, à présent. Elle ne paraît pas, au reste, bien ferme dans ses opinions.

Elle a admiré Napoléon très lyriquement, en s'écriant : « Que sont les autres souverains auprès du nôtre ? » Bientôt elle change de sentiment sur l'empereur. Il ne lui déplaît même pas de s'imaginer, pour avoir fait quelques papotages sur la cour, qu'elle se livre à une opposition dangereuse. Elle recommande à Mme Dujard de brûler sa lettre, ou, tout au moins, de biffer un paragraphe qu'elle estime terrible, et elle évoque la vision menaçante du château de Vincennes. C'était évidemment, à ce moment, — l'âge des succès de beauté, auxquels la plus honnête femme du monde ne saurait être indifférente, étant passé, — une période d'ennui, de grand besoin de s'occuper, de quelque façon que ce fût.

On peut imaginer qu'elle eût peut-être aimé jouer un rôle dans une conspiration, — qui eût été très anodine... et où l'on eût beaucoup bavardé, en faisant attention à avoir de l'esprit...

Elle vit tomber ce Napoléon dont elle était subitement devenue l'«ennemie», mais elle n'eut pas le temps de commenter beaucoup les actes du nouveau règne, dans les lettres qu'elle continuait à écrire infatigablement, car elle mourut en 1816.

II

LE THÉATRE ET LA CHASSE

Tandis que nous reprenons nos feuilletons, en septembre, la poudre parle et les chasseurs savourent les joies de l' « ouverture ». Ah ! tout ce qui tient d'émotions dans ce mot-là ! Notre ami Bernard-Derosne, qui est un passionné de la chasse, peut le dire, lui ! La chasse et les chasseurs ! c'est un sujet qui lui tient au cœur, et il a écrit les pages les plus subtiles et d'une philosophie aiguisée sur cette matière, dans ses *Types et Travers*, dessinant toutes les variétés de cette espèce d'homme qui, quand septembre, le beau et mélancolique mois de septembre, arrive, s'affuble d'un costume compliqué et s'en va courir les aventures, le fusil à la main. Il a peint le « fastueux » chasseur, qui aime avant tout le bruit et l'éclat et qui ne vise que l'effet qu'il produit sur les badauds de toute classe, et l' « innocent », qui va chasser, sans émotion, comme d'autres vont se promener, et le « folâtre », qui aime la chasse moins pour elle-même que pour les accessoires, et l' « indifférent », qui chasse parce qu'il est de bon goût de chasser, et le « misanthrope », qui chasse par amour de la nature et de la solitude, et l' « enragé », qui est envieux, méchant et sournois et qui, pour tuer un perdreau de plus que son voisin, est capable de tous les forfaits…

Toutes ces physionomies de chasseurs, peut-on les retrouver aussi dans la littérature dramatique ? Je crois qu'il y aurait une étude piquante à faire sous ce titre : « la Chasse et le Théâtre, » en s'avisant de rechercher, dans les annales de la scène française, les pièces bâties sur une donnée cynégétique ou ayant pour cadre quelque épisode de chasse. On pourrait remonter loin, en commençant par le personnage de Dorante des *Fâcheux,* où Molière portraictura, dit-on, l'insupportable veneur M. de Soyecourt.

Je ne prétends même pas donner une esquisse de ce travail, qui demanderait quelque loisir pour qu'on en dégageât des réflexions caractéristiques. Je constate seulement, en curieux, que le nombre des drames, des vaudevilles ou des opéras-comiques où la chasse joue un rôle est considérable. Cette passion a paru, au moins pendant longtemps, un suffisant élément d'intérêt scénique, dans tous les genres.

Voulez-vous même une tragédie ? C'est l'ancêtre de tous les chasseurs, le farouche Esaü, qui l'a inspirée, au dix-septième siècle, et elle fut représentée, à Rouen, au collège des Bons-Enfants. C'était la légende biblique, mise en alexandrins pompeux, sans que l'auteur se fût permis quelque addition de son cru.

Les drames abondent. Mais vous entendez bien que ce ne sont pas des mazettes de chasseurs qui en sont les héros. Ceux-ci ne poursuivent qu'un gibier sérieux et digne de considération. C'est, par exemple, *Edgar ou la chasse aux loups*, de Craigniez, qui fut représenté en 1811. C'est encore l'extraordinaire *Chasseur noir*, de Benjamin Antier, un des triomphes de l'ancien Ambigu, dont Frédérick-Lemaître créa le principal rôle, en 1828. Je vous prie de savourer la donnée du *Chasseur noir*. Celui-ci est un mystérieux personnage qui habite un manoir perdu au fond de la Suisse, et qui passe son temps à occire les ours les plus terribles. Ce misanthrope, dont toute l'existence se dépense en grandes battues, porte un masque de velours, ce qui, paraît-il, ne le gêne pas pour tirer. Si misanthrope qu'il soit, il s'est pris de pitié, cependant, pour une infortunée jeune fille que poursuit un lâche seigneur des environs, et il lui donne asile. Il feint même de l'épouser, pour que, délivrée d'assiduités gênantes, elle puisse aimer en paix le berger Iselin. On n'est pas plus complaisant ! Mais le méchant seigneur s'introduit dans le manoir, et après avoir mortellement blessé le chasseur noir, lui arrache son masque. Horreur ! il aperçoit un visage décharné, ravagé, hideux. Ce chasseur noir est un proscrit qui jadis, plutôt que de révéler un secret politique, a enduré les plus affreuses tortures. Vous pensez bien qu'il ne trépasse pas, si grièvement atteint qu'il soit, sans avoir tiré vengeance du perfide et assuré le bonheur de sa protégée. Hélas ! pendant des années et des années, ce fut des élucubrations de cette trempe que Frédérick dut interpréter !

Nous avons à vous offrir aussi des ballets et des divertissements, *la Chasse au cerf*, donnée à Fontainebleau en 1700, dont Morin avait écrit la musique, ou des pantomines équestres, *la Vengeance de Diane*, d'Augustin Hapdé.

Et les comédies à ariettes ! *Les Deux chassurs et la Laitière*, d'Antheaume, eurent un succès qui dura un demi-siècle. La pièce était bâtie sur une donnée bien mince, mais en 1763 on n'avait pas d'aussi grandes exigences qu'aujourd'hui. C'était la mise à la scène de deux fables de La Fontaine, assez bizarrement mêlées. Comme personnage muet, l'ours figurait dans la pièce : la chronique ne nous a pas laissé le nom du créateur de ce rôle important. Quelques couplets ont, un temps, survécu à cet innocent badinage, celui-ci, par exemple, que répétaient encore quelques-unes de nos grand'mères.

> Si vous trouvez dans la plaine,
> Me disait certain chasseur,
> Vieille femme ou procureur,
> Mon ami, mauvaise aubaine !
> Mais quand une belle brune
> A vos yeux viendra s'offrir,
> Signe de bonne fortune,
> De bonheur et de plaisir...

C'est encore, en 1797, *la Chasse*, de Sewrin, cet auteur peu commode qui réclamait la prison contre les comédiens qui dénaturaient son texte (les auteurs d'aujourd'hui ont bien dû prendre leur parti de ces libertés !). Puis voici la légion des vaudevilles, *le Braconnier* de Leuven et Vanderbruck, *le Vieux Chasseur*, de Francis et Désaugiers, *Pas de chance !* d'Albert, *l'Ouverture de la chasse*, tableau mêlé de chants d'Albette et Desvergers, *le Gibier du Roi*, de Barthélemy et Delacour...

C'est la chasse qui inspire à Alexandre Dumas son premier ouvrage dramatique, qui, certes, ne laissait guère prévoir *Henri III et sa cour*, donné pourtant moins de quatre ans après cette pochade de *la Chasse et l'Amour*, écrite dans ce coin des bureaux du secrétariat du duc d'Orléans, dont le grand homme a fait une si amusante description.

La Chasse et l'Amour, jouée à l'Ambigu en 1825, avait deux autres auteurs encore, Rousseau et Leuven, et il semble que ce soit beaucoup de collaborateurs pour ce petit acte, où l'on voit un chasseur passionné, mais malheureux, accepter pour gendre l'astucieux Ernest Sainville qui dissimule ses maladresses, envoie partout, de sa part, des paniers de gibier qui font admirer ses prétendus exploits et lui persuade à lui-même qu'il est un parfait Nemrod. Le moyen de résister! Aussi, quels que soient les engagements qu'il ait pris avec un certain Papillon, qui a la franchise intempestive, accorde-t-il à Sainville la main de la « charmante » Angélina.

Il y avait là, sur l'air *Vers le temple de l'hymen*, un couplet qui paraît, aujourd'hui, bien étonnant. C'est un chasseur qui parle, vantant ses propres mérites :

> La terreur de la perdrix
> Et l'effroi de la bécasse,
> Pour mon adresse à la chasse
> On me cite dans Paris !
> Dangereux comme une bombe,
> Sous mes coups rien qui ne tombe,
> Le cerf comme la colombe !

Où le besoin de la rime peut-il conduire ! Ce vaudeville, quoi qu'il en soit, est un des ouvrages les plus typiques, au point de vue qui nous occupe. Il y a là toutes les silhouettes classiques, le brouillon, le vantard, le naïf, le malin, qui ne chasse que pour trouver un moyen de se pousser dans le monde, et le terrible chasseur myope aussi, terreur de ses compagnons, qui tue leurs chiens et leur envoie des grains de plomb dans le dos.

Le rondeau sur la chasse ne pouvait manquer. Il est bien dans la note du temps, avec ses comparaisons traditionnelles :

> Un seul instant, examinez le monde,
> Vous ne verrez que chasseurs ici-bas.

> Autour de moi, quand on chasse à la ronde,
> Pourquoi donc, seul, ne chasserais-je pas ?
> Dans nos salons, un fat parfumé d'ambre
> De vingt beautés chasse à la fois les cœurs,
> Un intrigant, rampant dans l'antichambre,
> Chasse un cordon, des regards, des faveurs...

Quant aux couplets de la fin, il va sans dire qu'ils équivoquaient tous sur la chasse et que c'est avec des termes cynégétiques que, selon la coutume, l'indulgence était réclamée pour les auteurs. Dumas, au moment où il jetait cette folie sur le papier, était au bureau des forêts. C'était sans doute quelque expédition d'un rapport qui lui avait donné l'idée du cadre de la pièce.

Le dernier en date des ouvrages dramatiques sur la chasse est le monologue de M. Grenet-Dancourt. On sait qu'il s'agit là de la profession de foi d'un chasseur débonnaire, qui prend en pitié le gibier qui passe à sa portée, et qui, s'affligeant ingénûment sur les « deuils » que sèment autour d'eux ses confrères, fait exprès de manquer des perdreaux qui s'offrent à lui :

> ...Et tout bas, en voyant leur fuite,
> Je me dis : Cela les rendra
> Beaucoup plus prudents dans la suite
> Et de la mort les sauvera !

Mais ce sont à peine quelques éléments que je note, pour un travail qui serait amusant à faire, avec quelque méthode, en suivant tel ou tel type de chasseur à travers cette légion de pièces. J'ai seulement voulu rappeler que le Théâtre avait payé un large tribut à la Chasse. C'était chose de saison, en ce jour d'ouverture.

Mais le mois de septembre n'est pas seulement le mois des chasseurs. C'est aussi celui où se réveille l'invisible démon qui dirige l'orchestre parisien et où les théâtres reprennent vie, rappelant le bruit, le mouvement, les chaudes discussions. Les pauvres colonnes-affiches, si lamentables dans leur dénuement d'été, — car à quoi sert une colonne-affiches sans affiches ! — vont se barioler de nouveau. D'après les programmes que l'on a donnés, il semble qu'une activité particulière va se déployer partout, cette saison. On se rend bien compte que la dernière a été assez terne et assez pauvre, dans son ensemble, et le besoin se fait grandement sentir d'un peu de nouveau... qui soit vraiment du nouveau.

III

M. ARSÈNE HOUSSAYE

M. Arsène Houssaye offre le bien rare exemple d'un homme qui est reconnaissant envers la vie, et il a la coquetterie de cette reconnaissance. Il fait à la vie la politesse de rester toujours jeune de cœur, et cette persistante jeunesse est étonnante chez lui. Il a gardé l'enthousiasme, la foi, et s'il loue le temps passé, qui lui rappelle d'illustres amitiés, des aventures de cœur, une existence largement dépensée, ce n'est pas au détriment du temps présent. Ce doyen des lettres, qui a occupé tant de situations brillantes, qui a sa légende souriante, qui a traversé trois ou quatre époques caractéristiques, suit, avec une curiosité nullement lassée, les manifestations des générations nouvelles et se préoccupe même de l'avenir. Il n'y a jamais rien de chagrin, chez lui, et ce sera, tout au plus, avec un peu d'ironie qu'il constatera les modifications qui se sont opérées dans les mœurs littéraires, où, selon le mot de M. Alexandre Dumas, l'esprit de commerce a trop remplacé le commerce des esprits. Où sont-elles, en effet, aujourd'hui, les belles amitiés, les belles émulations? Où sont-ils, les heureux cénacles des temps romantiques?

M. Arsène Houssaye, en 1892, est toujours un romantique ! Et cela est charmant de retrouver en cette période forcément réaliste que traverse la littérature (en attendant que le réalisme fasse place au symbolisme, comme on nous assure que ce doit être !) cette imagination à panache, cette triomphante belle humeur qui poussait à transformer les choses ordinaires ou mesquines en choses prestigieuses, cette galanterie allant parfois jusqu'à l'impertinence aisée, ce don de jeter de l'éclat sur tout, cette façon déterminée d'accepter la vie comme un roman ! Il y a dans ses *Confessions* tels bouts de phrases qui détonnent fort avec les positives habitudes actuelles, et qui sont l'évocation même d'un temps. Elles sont la grâce de ce livre et il aurait bien été à regretter que M. Arsène Houssaye eût eu l'idée de les éliminer, en se relisant, par quelque scrupule. Nous sommes bien aises, par exemple, qu'il nous raconte qu'il écrivait des sonnets en n'ayant d'autre pupitre que le sein d'une jolie femme ! Même un poète, à présent, hésiterait devant une déclaration pareille, et il est à craindre qu'il n'eût l'esprit trop pratique pour réfléchir à l'incommodité d'un si délicieux appui ! Le pauvre Barbey d'Aurevilly eût-il été assez ravi de cette petite ligne-là !

J'imagine qu'il n'eût pas moins goûté l'histoire de l' « addition » du propriétaire du café de Foy, que celui-ci, lorsqu'elle fut suffisamment corsée, présenta à M. Arsène Houssaye dans un volume à tranches dorées, magnifiquement relié en maroquin violet. Toutes ces anecdotes — et c'est là le plaisant et l'aimable — sont contées, en dépit de leur espèce de lyrisme, avec une si savoureuse apparence de simplicité et de naturel ! Tout ceci semble être si bien, pour l'homme heureux qui se plaît en de perpétuelles illusions (ce que n'ont plus la hardiesse de faire les écrivains d'aujourd'hui), de la vie ordinaire ! Ce grain de fatuité, qui assaisonne ces pages, cette ferme croyance en la souveraineté des lettres, ce dédain de tout ce qui n'est pas entouré d'un peu de poésie, c'est, par le contraste avec les écritures d'aujourd'hui, la chose la plus piquante du monde.

Mais je dois m'occuper ici de ce qui a surtout trait au thâtre, dans ces *Confessions*. L'ancien administrateur de la Comédie-Française n'avait pas épuisé ses souvenirs dans ses quatre premiers volumes, et il en a toujours à conter. Il fait revivre tout le Paris théâtral d'antan, dans la galerie la plus animée qui soit.

Sur Rachel, par exemple, il est inépuisable. Il y a des histoires de toute sorte sur son compte, des histoires — et peut-être aussi des légendes. En est-ce une que la première rencontre de la future tragédienne avec le plus grand poète du siècle ? Elle n'était encore que la petite chanteuse des rues, et les refrains les plus risqués s'envolaient de cette fine bouche, « comme des crapauds sortent d'une fontaine ». Elle faisait la quête, après un couplet, quand un passant s'arrêta devant elle, la contempla longuement et lui glissa dans la main une petite pièce d'or. Ce passant, c'était Victor Hugo. — « Oh! dit Rachel, hardiment, si on voulait me faire des chansons! » Hugo prit quelques feuillets dans la poche de son habit et, après l'aumône de son argent, fit l'aumône de sa poésie. — « Tenez, mon enfant, fit-il, voilà des strophes qu'un de mes amis veut mettre en musique : chantez-les sur un vieil air, j'aime les chansons des rues! »

Le poète sacrant, pour ainsi dire, l'artiste, c'était une scène dont le symbolisme devait charmer l'imagination de M. Arsène Houssaye : il n'a point manqué de la parer de mille grâces.

Quelques années plus tard, le poète et la comédienne se retrouvaient au Théâtre-Français. Rachel venait de jouer la Tisbé et, à la fin de la représentation, Victor Hugo tenait l'actrice dans ses bras, comme s'il eût étreint la poésie.— «Prenez garde, lui dit-elle en souriant, vous allez vous apercevoir que je suis une femme !» Ce soir-là, elle jurait de jouer toutes les héroïnes de Victor Hugo. Mais on sait ce que sont les serments d'actrices, même quand elles sont de bonne foi !

Ce n'est pas seulement dans sa gloire de théâtre que M. Houssaye montre Rachel, mais aussi dans ses gamineries, où elle gardait parfois un peu de son instinctive rapacité. C'est ainsi l'histoire d'un bracelet de diamants, arraché au docteur Véron au moyen d'une petite comédie, où elle joua le rôle de prétendue intermédiaire pour lui faire obtenir la direction du Théâtre-Français, en lui assurant que M. Arsène Houssaye avait donné sa démission. Au reste, elle ne se gênait pas pour dépouiller un peu cavalièrement ce docteur Véron, qui ne fut jamais que son vieil amoureux, et qui, bon gré malgré, finissait par s'incliner devant ces rapines, spirituellement opérées. Seulement, il en était venu à prendre quelques précautions et sa femme de confiance, Sophie, de légendaire mémoire, surveillait jalousement les objets d'art sur lesquels s'arrêtait trop complaisamment le regard admirateur de Rachel.

Après avoir souri à ces souvenirs, qui laissent entrevoir la femme à côté de la muse tragique, M. Arsène Houssaye fait le pathétique récit de la mort de Rachel, hantée, depuis longtemps, de la vision de sa fin, et passant par des alternatives de résignation et de révolte. Se sentant condamnée, elle écrivait, à Noël, des lettres à ses amis et elle les datait du 1er janvier. « Je postdate ce billet, disait-elle à l'un d'eux ; il me semble que cela va me forcer à vivre jusque-là. » Elle n'avait pas espéré, cependant, voir l'année nouvelle ; elle considérait chaque jour qui lui était donné encore comme un sursis. Mais l'heure vint où elle comprit que ces sursis étaient expirés ; alors elle eut la coquetterie d'être brave : « Je suis contente de mourir un dimanche, » dit-elle.

Au Cannet, où elle s'éteignit, elle avait emporté des monceaux de lettres, pour les relire, — toutes les lettres où elle retrouvait sa vie de femme et d'artiste. Sa dernière occupation fut d'en faire des paquets et d'inscrire un nom sur une vingtaine d'enveloppes. Quelques jours après sa mort, selon son désir, ces lettres étaient rendues à ceux qui les avaient écrites. C'était l'adieu d'une morte. « Sur l'enveloppe, dit M. Arsène Houssaye, je reconnus son écriture, sans comprendre. Je brisai le cachet, mais pas un mot, parmi mes lettres... C'était une pieuse restitution de sentiments qui ne la touchaient plus... »

M. Arsène Houssaye, en pensant à sa direction du Théâtre-Français, évoque la curieuse figure de Lireux, de l'étonnant Lireux, qui devait prendre un jour l'Odéon, pour voir philosophiquement, assurait-il, jusqu'où pouvaient aller les extrémités humaines. Lireux était alors lecteur à la Comédie. Mais il ne témoignait qu'un zèle médiocre pour ces fonctions, ayant pris en horreur « la littérature autographe ». Il ima-

ginait des ruses admirables pour se défendre
contre les auteurs venant solliciter des nouvelles de leur manuscrit, — ce qui fut, de tout
temps, le sort des auteurs, se heurtant à tous
les mensonges qu'on prodigue si aisément, au
théâtre. Certaines mésaventures, comme l'histoire de la prétendue pièce sur laquelle il improvisa un jugement sévère, d'après le titre,
alors qu'il ne s'agissait que d'un rouleau de
papier blanc remis par un mystificateur, n'arrivaient pas à secouer sa paresse. Heureusement,
le directeur savait à quoi s'en tenir et ne comptait pas trop sur son lecteur.

Lireux eut un jour affaire à un homme terriblement tenace, qui ne se payait pas de mots.
Toute la série des motifs qui peuvent justifier
de nouveaux délais pour une réponse avait
été épuisée. L'auteur, décidé à tout, arrive
dans le bureau de Lireux, fouille parmi les
papiers et découvre son manuscrit, — intact,
naturellement. — Il le prend sous son bras et
se met à la recherche de l'extraordinaire lecteur. Il finit par apprendre que Lireux passait

sa journée à Bougival. Il ne se décourage pas, il se met en route, et découvre celui qu'il cherchait tirant une coupe savante dans la Seine.

Il était lui-même fort bon nageur. Il jette habit bas et il se précipite à la rencontre de Lireux, nageant d'une main et tenant le manuscrit de l'autre. — « Monsieur, lui dit-il, voilà ma pièce; je vais vous la lire. — En nageant? demande Lireux, stupéfait. — Oui, Monsieur, en nageant ! »

L'anecdote est amusante. Cela ne suffit-il pas? On serait bien exigeant en réclamant des preuves de son authenticité.

Il y a là aussi une plaisante historiette. C'est celle de la poursuite éperdue de Jules Sandeau par Mme Dorval, qui, à ce moment-là, adorait le romancier. Jules Sandeau ! Il me souvient que, il y a quelque dix ans, je le regardais toujours avec quelque curiosité, quand j'allais à la bibliothèque Mazarine, dont il était le conservateur. Eh quoi ! ce vieillard coiffé d'une calotte de velours, frileux, assis devant une table encombrée de fiches et de catalogues (car il était ponctuel dans ses fonctions, et il était le plus courtois des bibliothécaires), avait été, jadis, jeté dans des liaisons célèbres, avait donné la moitié de son nom à George Sand, avait connu tous les orages de la passion ! Et je quittais la Mazarine, après avoir eu recours à son obligeance de sûr indicateur du livre cherché, en me laissant aller à quelques méditations philosophiques.

En ce temps-là, donc, Jules Sandeau avait les bonnes grâces de Marie Dorval ; mais tout n'allait pas pour le mieux dans le meilleur des romans d'amour ! La « scène » régnait à l'état continuel. Mme Dorval, au reste, était jalouse du souvenir de George Sand, et la grande actrice de drame mettait volontiers du drame aussi dans la vie.

A la suite de quelqu'une de ces scènes qui rendaient l'existence intenable au pauvre Sandeau, celui-ci avait pris le parti de fuir, et il s'était réfugié chez Arsène Houssaye. Il respirait enfin, à l'abri des invectives et des reproches coutumiers ! Mais il savourait à peine la douceur de la tranquillité retrouvée que Mme Dorval faisait irruption dans la maison. — « Houssaye, s'écriait-elle, du ton dont elle se servait en un cinquième acte pathétique, qu'avez-vous fait de Jules ? »

Il s'agissait de sauver un ami contre les fureurs d'une tigresse déchaînée. Un pieux mensonge était permis. Le maître du logis déclara donc qu'il n'avait pas vu Sandeau depuis longtemps. Il n'était pas sans inquiétude, cependant, car Mme Dorval était femme à fouiller l'appartement.

Sandeau, pris des mêmes craintes, s'était prudemment dissimulé sous un canapé-lit. De là, il entendait les plaintes amères de sa maîtresse, contant à Arsène Houssaye, au milieu de sanglots, toutes ses douleurs. — « Comment ! vous en êtes encore là, après avoir joué sur la scène tous les désespoirs ? — La passion se nourrit de la passion. Et puis, Jules, ce n'est pas un homme, c'est... »

Et voici, tout à coup, que, dans sa cachette, Sandeau s'attendrit, est repris par sa passion

et sort soudain de dessous le meuble, en s'é-
criant : « Ah ! oui, Marie, tu es la seule
femme !... Je suis à toi, à la vie, à la mort ! »
Les deux amants tombent dans les bras l'un de
l'autre et, en attendant la prochaine querelle,
qui ne devait pas tarder, accablent ensemble
Arsène Houssaye en lui reprochant presque de
les avoir séparés !

Là, ce n'est pas de la légende. C'est un chapitre d'histoire bien humaine ! Il est conté à
ravir.

Puis, ce sont des portraits d'acteurs dispa-
rus, dont la physionomie, à propos de quelque
lettre ou de quelque portrait retrouvé, tente la
plume de M. Houssaye. C'est Beauvallet, ce
tragédien à la voix terrible qui était le plus
gai compagnon du monde. Il était né à Pithi-
viers, où il n'avait jamais eu la curiosité de retourner. Il se plaignait parfois, en riant, d'a-
voir le mal du pays, cependant. Il se consolait
alors avec un pâté de chez l'illustre Gringoire,
venu en droite ligne de sa ville natale ! C'est
Brindeau, détrôné par Bressant et lui donnant

loyalement sa voix, cependant, pour que son rival devînt sociétaire ; c'est Geffroy, peintre en même temps que comédien ; c'est Provost, que M. Arsène Houssaye loue, non sans quelque ironie, peut-être en songeant au temps présent, « d'être toujours resté à son plan sur la scène, de n'avoir jamais usurpé sur autrui dans les proportions de l'ensemble ». Notez en passant cette petite remarque, qui n'a l'air de rien.

M. Arsène Houssaye, ailleurs, — car il ne s'est point imposé de rigoureuse méthode dans ses récits, — parle d'Alfred de Musset. Une ancienne maîtresse de ce poète de l'amour avait un mot bien joliment « nature » en évoquant le temps de sa liaison avec lui : « Il était bien gentil dans l'intimité, quand il ne montait pas sur ses grands chevaux. » Et voilà comment on est compris par la femme que l'on aime ! La bonne créature pensait sans doute qu'il n'y avait pas besoin de tant compliquer les choses.

Les soupers d'autrefois deviennent, évoqués par M. Arsène Houssaye, des fêtes prestigieuses, où les poètes jettent des paradoxes étincelants devant des femmes merveilleusement belles. Heureux, à en croire ces récits brillants, le Paris soupeur d'autrefois ! Les gens d'esprit gardent aujourd'hui le leur avec plus d'économie, pour en tirer un parti pratique ! M. Houssaye prête donc à Musset, couronné de fleurs par de jolies filles, d'aventureux discours, où son désabusement se dissimulait sous des grâces enjouées, où il affirmait que la femme ne peut s'élever à la vertu qu'après avoir traversé toutes les stations des crimes amoureux, où il prétendait faire bon marché de la poésie écrite, en disant qu'il n'y avait que la poésie en action, où il exposait ses raisons de chercher l'ivresse...

Et quelques aventures cavalières, aussi, dont Musset est le héros. Un soir, un prince de la famille royale lui donne rendez-vous chez sa maîtresse. Musset arrive, le prince n'est pas encore là, il se fait attendre. Alors, avec une impertinence de roué, Musset, impatienté, se déshabille, se couche dans le lit et... réserve au maître et seigneur de la belle le plus imprévu des spectacles, quand il survient enfin. Musset resta dix jours dans la maison — où le prince ne revint plus. Vous entendez bien que M. Arsène Houssaye excelle à narrer ces galantes équipées, où son imagination, fût-ce à son insu, met peut-être un peu du sien.

C'est encore Musset au foyer de la Comédie. Le bruit courait qu'une « ingénue » de la maison, qui n'était, à la ville, rien moins qu'une ingénue, avait eu des faiblesses pour le poète. Par hasard, la comédienne se montra fort blessée de ses propos. — « Monsieur, dit-elle à Musset, vous vous êtes vanté d'être mon amant. » L'auteur d'*Il ne faut jurer de rien* s'inclina avec une grâce exquise. — « Ah ! Madame, répondit-il, moi qui me suis toujours vanté du contraire ! » L'actrice n'avait plus le beau rôle. Elle se vengea le lendemain, comme on se demandait pourquoi Musset ne paraissait pas au foyer : « Vous ne savez donc pas, s'écria-t-elle, en faisant allusion à l'embonpoint florissant de l'amie actuelle du poète, qu'il vient d'entreprendre de faire le tour de sa maîtresse ? » On avait la répartie vive, alors, au foyer du Théâtre-Français.

« J'aime mes morts, » dit quelque part M. Arsène Houssaye en prouvant qu'il est resté fidèle à ses anciennes amitiés, en parlant avec tendresse de ses anciens compagnons de la « bohème dorée », Roger de Beauvoir, Méry, Gautier, Gérard de Nerval, Édouard Ourliac, ou Gozlan « qui aima mieux mourir que de ne plus manger ni primeurs, ni truffes, ni gibier ». Et ce Gozlan, qu'on accusait d'être avare, M. Houssaye éprouve le besoin de le défendre contre certaines médisances qui ont survécu.

A propos de Gozlan, je trouve là un curieux rapprochement : vous connaissez le fameux sonnet de Raimbaud, un des premiers « décadents », — que fait mine de pleurer l'école poétique qui se met l'esprit à la torture pour essayer de détruire la belle clarté française, — sur la couleur des lettres, affirmant que A est rouge, E bleu, etc. Eh bien ! avant Raimbaud, avant les symbolistes actuels, Léon Gozlan avait émis une théorie analogue sur la couleur des sentiments.

Le passage se retrouve avoir quelque actualité ; je veux le citer : « J'ai toujours rapporté, disait Gozlan, à une nuance les sensations diverses que j'éprouve. Ainsi, pour moi, la piété est bleu tendre, la résignation est gris perle, la joie est vert pomme, la satiété est café au lait, le plaisir rose velouté, la réflexion est orange, l'ennui est chocolat. La pensée pénible d'avoir un billet à payer est de mine de plomb, l'argent à recevoir est rouge chatoyant. Le jour du terme est couleur de terre de Sienne ; aller à un premier rendez-vous, couleur thé léger ; à un vingtième, thé chargé... » On ne s'attendait guère à trouver en Gozlan, romancier de solide imagination, un ancêtre des précieux d'aujourd'hui !

Ainsi y a-t-il de tout dans ces piquants souvenirs de M. Arsène Houssaye, qui certainement, s'il devait recommencer sa vie, ne souhaiterait pas une autre destinée. Il l'a trouvée, à la réflexion, amusante, variée, intéressante, romanesque, et on sent bien la sincérité du plaisir qu'il a pris à se rappeler. A ce roman vécu, il se garde bien, par exemple, de songer à donner une moralité : « Les sentences et les moralités, dit-il, sont le trésor des petits esprits. » En poète qu'il est, c'est seulement par un sonnet qu'il termine cette série de ses *Confessions*, car l'écrivain resté si jeune en dépit des années a-t-il écrit tout à fait de bonne foi le mot « fin » ? Quand Arsène Houssaye a fini une jeunesse, il en recommence une autre, voilà tout.

Il n'aura jamais quatre-vingts ans : il aura quatre fois vingt ans.

IV

LES MÉMOIRES D'UN AUTEUR DRAMATIQUE

I

Je confesse que je raffole des Mémoires, — de tous les Mémoires. Même dans ceux qui paraissent les plus ternes et les plus fastidieux, il y a une moisson d'observations psychologiques à faire. En voici qui ne laissent pas d'être assez curieux. Ce n'est pas que leur auteur ait tenu une grande place dans la littérature théâtrale, encore qu'il ait beaucoup produit ; mais il fut un observateur avisé, mêlé de près à la société des écrivains et des artistes de sa génération. Il s'agit d'Hippolyte Auger, le collaborateur d'Ancelot, de Charles Desnoyers, d'Alexandre Dumas, l'auteur, en outre, de cette *Physiologie du théâtre* qui est restée un livre sérieusement documentaire. Il est mort, chargé d'années, en 1881. Ses premiers travaux littéraires dataient du commencement de la Restauration !

C'est précisément sur cette époque de la Restauration et sur son état moral que ces Mémoires d'Auger contiennent d'assez intéressantes indications. Le récit de sa jeunesse montre dans quel désarroi d'esprit se trouvaient ceux qui arrivaient à l'âge d'homme à la chute de Napoléon. Hippolyte Auger n'avait fait que de médiocres études, avec la pensée qu'il en saurait toujours assez pour risquer d'aller se faire tuer sur un champ de bataille. Il avait grandi avec la conviction qu'il serait soldat. Que pouvait-on être, alors, sinon soldat? Mais voici que l'Empire s'écroule tout à coup. Comme tant d'autres, Auger est fort désorienté, il a peine à concevoir un autre sort. La nécessité le pousse, cependant, et, fort marri de sa déchéance, il entre comme simple commis dans un magasin de draps, à l'enseigne du *Mameluck*.

Cela était dur, pour qui avait rêvé de porter l'uniforme. Beaucoup de jeunes gens de son âge eurent cette désillusion, après s'être préparés à une existence romanesque, d'être contraints à remplir d'humbles fonctions. Mais Auger avait l'imagination active. Il se lia avec des officiers russes, entrés à Paris avec l'arnée des alliés. Il était admis alors, comme on sait, de faire bon accueil aux Russes, sans qu'on fût arrêté par des scrupules patriotiques. Un de ces officiers lui proposa de le suivre en Russie, et Auger fut incorporé, en qualité de sous-enseigne, dans le régiment d'Ismaïlovski. Ils étaient relativement nombreux, ceux qui se trouvaient dans son cas, décidés à faire leur chemin hors de leur pays, dans une armée étrangère, et nulle défaveur ne s'attachait sur eux.

Auger aimait déjà passionnément le théâtre. A son arrivée à Paris, l'amitié précieuse d'une ouvreuse du Théâtre-Français, qui lui donnait des contremarques, lui avait permis de suivre assidûment le répertoire, où il avait vu les dernières représentations de Molé, de Monvel et de Mlle Contat. Une rencontre, au parterre de la Comédie, lui avait fait faire la connaissance d'un vieil amateur, M. de Soleinne, qui avait contribué à lui donner le goût des choses théâtrales. Il avait joué la comédie de société chez Auguste Garneray, le peintre de la reine Hortense, et chez Mme d'Uzès, qui avait organisé une troupe d'acteurs de bonne volonté, avec l'aide de Brifaut, l'académicien, l'auteur de *Ninus II*.

Il semble que, en Russie, les services militaires d'Auger aient été assez minces. Il fut surtout chargé de diriger le théâtre des Pages, sous le prétexte de les perfectionner dans l'étude de la langue française. Mais le capitaine qui l'avait décidé à prendre du service changea de corps, et Auger, après un an de séjour à Pétersbourg, eut envie de revoir la France. Il demanda un congé, qui devait se prolonger indéfiniment. Ce fut lui qui rapporta à Paris le manuscrit du *Lépreux de la cité d'Aoste,* que lui avait confié Xavier de Maistre, alors chez son frère, le comte Joseph, ambassadeur de Sardaigne.

C'est à son retour de Russie qu'Hippolyte Auger se trouva vraiment lancé dans le monde parisien, grâce à l'amitié de Benjamin Constant, dans le salon duquel il lut son premier drame, « taillé dans l'étoffe de la chevalerie » et dont il suffit de dire que l'héroïne s'appelait Elfride ! Cette lecture fut, au reste, assez malheureuse, la chatte de Benjamin Constant, qui avait droit de cité dans le salon, ayant interrompu, au passage le plus pathétique, par un miaulement plaintif... qui déchaîna des éclats de rire.

Auger, qui ne révolutionna guère rien, pourtant, avec *Benoît ou les Deux Cousins* ou *Plus de peur que de mal*, a, dans ses Mémoires, une assez plaisante prétention. Il se pique (et la chose lui tient au cœur) d'avoir le premier semé l'« horrible » romantique sur le sol littéraire avec la traduction d'une ballade russe, *Ludmile*, qui déchaînait les plus macabres fantaisies.

En réalité, il est surtout intéressant quand il parle des autres. Il y a, sur Talma, une anecdote qui ne laisse pas d'être savoureuse. Une jeune fille s'était follement éprise du tragédien et elle le poursuivait partout de ses romanesques déclarations. « Enlevez-moi ! » lui demandait-elle sans cesse. Mais Talma, qui n'était plus jeune, redoutait l'esclandre, et il la raisonnait paternellement. Tous ses arguments étaient vains, et sa froideur ne faisait qu'aviver la passion qui lui était inutilement témoignée. — « Ah ! fit-il un jour, à bout de forces, si vous étiez mariée, encore !... J'aurais moins de prudence ! »

Seize jours après, juste le temps nécessaire pour la publication des bans, Talma recevait, de son aventureuse admiratrice, un billet qui ne contenait que ces mots : « Je suis mariée. » Ma foi ! Talma ne résista plus. Ce ne fut que plus tard, après nombre d'autres accidents, que le mari sut pourquoi il avait été si vite agréé.

Auger revendique la paternité entière du roman qui parut sous la signature d'Alexandre

Dumas, *Fernande*. Il avait la rancune longue, car, dans ses Mémoires, il ne manque guère une occasion de traiter durement Dumas. Ses petites revendications sont d'ailleurs nombreuses. C'est ainsi qu'il se vante d'avoir « découvert » Léopold Robert avant tout le monde, et d'avoir commencé la renommée du peintre, si bien que, en deux heures, Léopold Robert, signalé par lui à des amateurs de ses amis, n'avait plus un tableau à vendre. Le fait, s'il est exact, peut faire pardonner à Auger un peu de sa complaisance habituelle, lorsqu'il parle de soi-même.

Un souvenir sur lequel il s'étend, avec un lyrisme vieillot, qui est d'un assez bizarre effet, c'est d'avoir échangé, à travers les siècles, un baiser — avec Marie Stuart! Cela demande quelques explications. La vérité est, tout bonnement, que lady Howard lui montra un jour le chapelet que la reine d'Écosse tenait entre ses mains, en marchant à l'échafaud. Avant de se livrer au bourreau, elle baisa dévotement la croix d'or émaillé. Auger demanda à lady Howard la faveur de poser ses lèvres sur cette croix, poétisée par l'acte dernier de la reine-martyre. C'est à quoi se bornait la grâce qu'il avait reçue, devenue pour lui le prétexte de développements romanesques.

Il y a, çà et là, quelques notes amusantes sur les habitudes théâtrales italiennes en 1820, et Auger évoque une curieuse figure d'impresario, Vestri, le directeur du théâtre Valle. Il était d'usage, alors, que, entre les deux pièces du spectacle, le directeur parût sur la scène et annonçât le programme de la représentation du lendemain. Vestri excellait dans ces harangues, faites d'un ton familier. Auger en cite quelques exemples, — et cela nous reporte bien loin ! « Eh bien, disait Vestri, que vous semble de la pièce que nous venons de jouer ? N'est-elle pas digne d'un public aussi respectable et aussi judicieux que vous l'êtes ? Je vous le dis en confidence : celle que nous donnerons demain lui est encore préférable, sous tous les rapports... Vous verrez un père... Non, je ne veux pas vous dire un mot de ce père... j'ai mes raisons... Vous verrez une fille... Gardons-nous de trahir son secret ! Trahir une jeune fille : j'en suis incapable !... Quant à l'amant, c'est tout à fait un galant homme, et n'était son valet, un drôle... Mais aussi, que de moyens il met en œuvre pour se tirer d'embarras !... Si je ne craignais de vous ôter le plaisir de la surprise, je vous le dirais... » Et le boniment continuait ainsi, interrompu par des réponses aux réflexions des spectateurs qui prenaient plaisir à le voir se prolonger. Au reste, certains théâtres d'Italie ont conservé très longtemps cette coutume de l'annonce parlée.

Auger fut un des hôtes assidus du salon de Sophie Gay, où tous les mondes se trouvaient représentés et où on évoquait parfois des souvenirs du Directoire, et de celui de sa quasi-homonyme Sophie Gail, dont un petit opéra comique avait mis la musique à la mode et chez qui défilait tout le Paris artiste du temps. Les deux Sophie s'associèrent un jour pour donner au théâtre Feydeau un ouvrage qui, malgré l'influence dont elles disposaient dans la société parisienne, ne réussit qu'à demi. Auger se poussait assez habilement, grâce à ses relations, et Ancelot l'aidait bientôt à débuter au théâtre par une comédie en deux actes, *Une Séduction*.

II

Encore un coup, les mémoires d'Auger ne sont assurément que de l'histoire théâtrale de second plan, mais ils ne laissent pas d'être intéressants pour la peinture de la vie littéraire sous la Restauration et la monarchie de Juillet. Ils sont fertiles en anecdotes souvent curieuses. Par exemple, Auger avait une bien bonne opinion de lui. Il n'était pas non plus sans aigreur, et il avait gardé un certain nombre de rancunes tenaces.

Au milieu de nombre d'historiettes vieillottes, on peut glaner quelques souvenirs assez piquants. On ne se rappelle plus guère, aujourd'hui, Théodore Leclercq, dont les *Proverbes* furent célèbres, jadis. De fait, *l'Ours, ou Le feu couve sous la cendre*, le *Rapprochement, ou Il faut faire de nécessité vertu*, *l'Orpheline, ou A brebis tondue Dieu mesure le vent*, paraîtraient aujourd'hui choses fort insipides. Mais ces choses avaient plu à ses contemporains. Auger avait beaucoup connu ce petit bourgeois malicieux, qui ne dédaignait pas d'user, dans la vie, de moyens de comédie. C'est lui qui racontait comment il avait joué un tour de sa façon à Napoléon. Oh! ce tour était bien innocent! Un de ses amis avait été appelé par l'Empereur, et l'idée de cette entrevue avec le maître tout-puissant le troublait fort. Il défaillait d'avance à la pensée de se trouver en face de Napoléon. Théodore Leclercq, au moment où son ami partait pour les Tuileries, s'avisa de lui « faire sa tête », comme à un acteur, et de lui mettre du rouge sur les joues, de façon à ce que son émotion fût dissimulée. L'empereur était de belle humeur, par hasard. La bonne mine de son interlocuteur le charma et il lui confia un poste fort enviable.

sans s'apercevoir de la terreur qui paralysait l'homme auquel il adressait la parole. Et Théodore Leclercq s'égayait fort, au souvenir de ce petit stratagème. Il n'en fallait pas plus, naguère, pour inspirer un vaudeville, et Leclercq, en effet, ne manqua pas d'écrire ce vaudeville vécu. Heureux temps !

Auger avait, un moment, vécu en relations assez étroites avec Balzac, alors que le romancier venait d'abandonner son métier d'imprimeur. Il s'était installé rue Cassini, dans une maison dont le jardin avait une petite porte sur la place de l'Observatoire. Un jour, il demanda à Auger de l'aider à décorer son salon, car il allait recevoir, lui dit-il, une visite telle qu'il lui fallait un cadre qui fût digne d'elle. Auger et lui allèrent acheter du calicot bleu, qui jouait la soie, et le tendirent sur les murs. Balzac, transformé en tapissier, s'impatientait d'abord, mais bientôt son imagination lui fit voir luxueuse à souhait cette tenture modeste, et il se hâta de congédier Auger, l'heure du rendez-vous s'approchant.

Auger, si cavalièrement sommé de travailler à la décoration du temple où devait être reçue l'idole, fut excusable de se cacher pour l'attendre et pour contempler ses traits. Mais il fut très déçu en apercevant une femme sèche, maigre et laide, et qui n'était même plus jeune. Mais qu'importait ! Balzac la voyait, lui, telle qu'il voulait qu'elle fût.

Auger, ai-je dit, avait fait un assez long séjour en Russie. Il y a à ce propos une anecdote assez curieuse. Il n'était point commode, alors, pour un auteur dramatique, d'obtenir les suffrages du tsar. C'était, en ce temps-là, l'empereur Nicolas qui régnait, et il allait fréquemment au Théâtre-Michel. Auger y faisait jouer une pièce de lui, déjà représentée à Paris, *Marcel.* Il y avait, dans cette pièce, une scène où un mari surprenait sa femme dans les bras d'un gentilhomme. Ce mari, qui n'était qu'un pauvre diable, se révoltait et sautait à la gorge du séducteur. Auger comptait sur cette scène qui avait toujours produit de l'effet.

Tout à coup, l'empereur donna un coup de

poing terrible sur le bord de sa loge. — « Comment joue-t-on un pareil ouvrage ici ? » s'écriat-il. Les chambellans, le directeur, les aides de camp accourent, tremblants, se demandant vainement en quoi ce passage avait pu déplaire au tsar. Celui-ci ne s'expliquait point, mais ne se calmait pas. Enfin il dit la cause de son irritation. « L'esprit de cette pièce est détestable, fit-il. Comment ! un ouvrier ose y souffleter un homme distingué ! »

Telle était la raison de son courroux. Étrange critérium pour la valeur d'une œuvre dramatique ! Le théâtre était en émoi ; l'empereur s'était déjà levé, les comédiens demeuraient interloqués. Mais l'impératrice, qui n'avait pas été aussi choquée que son illustre époux, intercéda pour la pièce, qui put continuer. Cet incident refroidit un peu le zèle d'Auger, qui avait ambitionné, un moment, de diriger le théâtre français de Saint-Pétersbourg.

Il revint en France. Ce fut l'époque de sa collaboration avec Ancelot, dont il traçait un portrait assez peu flatté, le montrant gonflé de sa personnalité. Comme le temps se charge de remettre les gens à leur place ! C'est Ancelot qui, un jour, entendant quelques coups de sifflet à la première représentation d'une de ses pièces, eut un geste d'étonnement, avec une parfaite bonne foi. Il ne prit pas un instant les sifflets pour lui. — « Le malheureux ! fit-il en désignant l'acteur qui était alors en scène, il aura retranché, changé ou ajouté quelque chose ! ».

Auger se piquait d'avoir été joué au Théâtre-Français, « bien qu'on l'eût refusé ». C'était simple figure et pur badinage. En réalité, au bout de quelque temps, il avait simplement présenté, réduite en un acte, une pièce qui en avait d'abord trois. Sous cette forme nouvelle, la comédie avait été acceptée. Auger s'étonnait fort qu'on n'eût pas reconnu le sujet. « Voilà, disait-il dédaigneusement, comment les choses se passent ! » Mais il ne manquait pas de fatuité, et il admettait malaisément qu'on pût oublier quelque chose de lui.

Un passage des *Mémoires* d'Auger révèle un

auteur dramatique... d'intention, du moins, chez le grave M. de Montalivet, alors ministre de l'intérieur. Il trouva, il est vrai, des complaisants bien empressés.

M. de Montalivet avait accordé une audience au directeur de l'Ambigu, de Cès-Caupenne, qui sollicitait aussi le privilège de la Gaîté. Le ministre venait de déjeuner et achevait la lecture d'un journal, quand on introduisit de Cès-Caupenne. L'homme d'État était de fort bonne humeur. — « Tenez, fit-il, en lui tendant le journal et en lui désignant du doigt un fait divers, n'est-ce pas qu'il y a un drame tout fait, là-dedans ? » De Cès-Caupenne, qui était bon courtisan, s'inclina en souriant : « Monsieur le ministre, dit-il, le drame est reçu. — Comment cela ? — Du moment que vous trouvez là un sujet de drame, le drame est fait ! »

Le directeur de l'Ambigu courait aussitôt, de Saint-Cloud, chez Auger, et lui racontait sa conversation avec le ministre. « Il faut que le drame soit écrit dans huit jours, joué dans quinze ! lui dit-il. Arrangez-vous ! »

Auger ne reculait pas, à l'occasion, devant un tour de force. (Mais ce ne sont pas ces tours de force-là qui rendent une renommée durable !) Il se mit à l'œuvre. Le soir du huitième jour, il lisait aux artistes de l'Ambigu le *Corrégidor de Séville*, mélodrame en trois actes et quatre tableaux, et, la semaine suivante, l'ouvrage était représenté.

M. de Montalivet trouva la flatterie délicate. Quelques jours plus tard, de Cès-Caupenne avait, comme il l'avait désiré, le privilège de la Gaîté. Le ministre, toutefois, ne se trouva pas lui rendre là un grand service, car cette double direction brouilla de Cès-Caupenne avec la Société des auteurs dramatiques, qui le mit en interdit. Auger prit parti pour le directeur, et ce fut là l'origine d'interminables procès. C'est dans les pièces d'Auger, tandis que le théâtre de la Gaîté était dans cette situation difficile, que débuta vraiment à Paris Laferrière, qui n'avait fait encore qu'une apparition dans un drame de Dumas.

Auger semble, d'après ses *Mémoires*, avoir été

assez volontiers processif, d'ailleurs. Il eut un autre procès retentissant avec Dormeuil, le directeur du Palais-Royal. Si ce différend peut être mentionné, c'est que l'écrivain avait alors pour avocat Victor Augier, gendre de Pigault-Lebrun, le père d'Émile Augier. Victor Augier perdit sa cause, au reste, bien qu'il eût eu un joli mot, dans sa plaidoirie : « Nous ne savions pas que la parole d'un directeur de théâtre n'était qu'un simple effet de mise en scène !... » Les directeurs ont-ils beaucoup changé depuis ce temps ?

Une dizaine d'années avant qu'il fût question de l'opéra de Meyerbeer, Auger avait fait jouer un drame, les *Huguenots*. Il gardait quelque rancune au compositeur d'avoir « étouffé » sa pièce, à lui. Il est de fait qu'on ne se souvient guère de ce drame ! Par ce perpétuel mécontentement, par ces revendications constantes, par ces accusations de plagiat qu'il lançait facilement, Auger était bien de la race des auteurs ! Même après quelque soixante ans, il rappelait, sans que le temps eût paru apaiser ses ressentiments, ces démêlés nombreux qu'il

avait eus avec les gens de théâtre. C'est même
cette absence de sérénité qui est curieuse, en
ses *Mémoires*, chez le vieillard qu'il était,
quand il se mit à les rédiger, sur le tard. Il parlait avec indulgence des hommes qu'il avait
coudoyés pendant sa vie, quand ils avaient appartenu à un autre monde qu'à celui du théâtre ;
mais, sur ce terrain particulier, il changeait
d'allures et il devenait féroce... L'ironie, c'était
que la plupart de ceux auxquels il s'en prenait
étaient profondément oubliés et qu'il n'y avait
plus guère que lui, oublié comme eux, qui se
souvînt de ces écrivains d'autrefois, dont il
n'était le survivant que pour les accabler.

VI

INTIMITÉS THÉATRALES

I

L'ÉDUCATION PATERNELLE

Une pièce de rez-de-chaussée, assez vaste, aux murs blancs, ornés seulement de quelques photographies. En guise de tapis, une natte épaisse. Deux chaises de forme particulière, peintes en blanc. Dans un coin, une malle entr'ouverte, d'où émergent confusément des objets très divers.

TOFANO PÈRE, *quarante-cinq ans ; visage très éprouvé, sillonné déjà de rides, très grave. Il est vêtu d'un costume de flanelle blanc, très serré, qui dessine sa taille extrêmement mince. Il s'adresse à son fils, un garçon de seize ans, qui ne l'écoute, à ce qu'il semble, qu'avec quelque résignation.*

Ah! malheureux enfant, tu feras mourir ton père de chagrin!

TOFANO FILS

Eh quoi! tu grondes toujours!

TOFANO PÈRE

N'en ai-je pas sujet ? Crois-tu que je puisse être satisfait de voir que tu n'as pas plus de zèle, de sérieux, d'amour du travail? Qu'est-ce que tu feras, si tu continues ainsi à perdre ton temps? Tu n'arriveras jamais à une position convenable, tu ne seras bon à rien... Il n'est pas déjà si aisé, aujourd'hui, de faire son chemin, même en se donnant de la peine.

TOFANO FILS

Tous les pères disent comme toi ; vous ne savez jamais que vous plaindre.

TOFANO PÈRE

Je comprends bien qu'il faut que les jeunes

gens s'amusent, et je ne suis pas plus sévère qu'un autre, mais, que diable! on doit être raisonnable, cependant... J'ai été jeune, moi aussi... Cela ne m'empêchait pas d'estimer que le travail, c'est sacré!... Oui, je peux me vanter de n'avoir pas été paresseux! On pourra dire de moi ce qu'on voudra, mais on sera bien forcé de reconnaître que je n'ai jamais badiné avec les choses du métier... Penses-tu que je serais parvenu à être ce que je suis si je n'avais pas eu la constante préoccupation de bien faire?

TOFANO FILS

Voyons! Encore de la morale!

TOFANO PÈRE

Mais oui, je t'en ferai, de la morale! C'est mon devoir de père, de t'avertir et de te reprendre... Ce devoir-là, je l'accomplirai, si peu récompensé que je sois de mes efforts pour faire de toi un bon sujet... Ah! les enfants, les enfants, que de soucis ils nous donnent! Est-ce que tu ne disparais pas continuellement, maintenant ? Sait-on où tu es ? Ce n'est qu'avec mauvaise grâce de ta part que je peux t'avoir un moment, le matin, comme aujourd'hui, pour essayer de te façonner comme il faudrait... Tu as bien des choses à apprendre encore, cependant !

TOFANO FILS

Eh ! mon Dieu, tu t'emportes !

TOFANO PÈRE

Ce qui m'enrage, c'est que tu as des dispositions, c'est que tu es très capable de te distinguer, c'est que tu pourrais avoir un bel avenir devant toi, que tu serais de taille à me dépasser... Quand tu veux t'appliquer, y mettre du tien, tu me donnes parfois l'illusion que tu as la vocation... Tu as de l'originalité, de l'aplomb, du tempérament... Je suis ravi, je me sens fier de mon élève et de mon fils... Et puis, baste ! tu me déconcertes, le lendemain, par ta dissipation... Et alors, mon garçon, laisse-moi te le dire, tu me fais de la peine, beaucoup de peine!

TOFANO FILS

Voilà des grands mots !

TOFANO PÈRE

Des grands mots!... Mais, mon pauvre enfant, c'est la vérité... Crois-tu que cela m'amuse de te faire des reproches? Seulement, je connais la vie, je sais ce qu'elle réserve, et, si tu ne veux pas être exposé à bien des déceptions, il faut que tu aies une éducation première solide... Ah! je suis trop bon pour toi, trop faible!... Mon père, à moi, ne me traitait pas si doucement, et, tout grand que je fusse, il me corrigeait très bien, le cher homme, si je ne paraissais pas profiter de ses avis.

TOFANO FILS

Ah! ça, c'est un système qui ne prend plus !

TOFANO PÈRE, *très digne*

Quel langage! Quelles manières ! On a bien

raison de dire que le respect s'en va !... Je t'ai élevé avec trop de ménagements, je le vois bien !

TOFANO FILS

Allons ! ne te fâche pas !... Tu sais bien que, après tout, je ne suis pas méchant.

TOFANO PÈRE

Non, mais tu es léger, inattentif..., tu bayes aux corneilles..., tu ne songes qu'à t'amuser... Ce ne sont pourtant pas les bons exemples qui te manquent, ici ! Ta mère et moi, nous ne nous reposons guère, chacun dans notre partie. Menons-nous une existence de plaisir, nous ? Nous aurions bien gagné le droit d'en prendre un peu à notre aise, cependant !... Mais je ne veux pas me retirer avant de te savoir hors d'affaire, et, bien que je sente déjà la fatigue, je peine des journées entières, comme lorsque j'étais un écolier... Vraiment, je ne comprends pas que tu n'aies pas un peu plus de plomb dans la tête... Tu sauras ça, toi, quand tu auras des enfants, à ton tour, qu'il n'y a pas de chagrin pareil à voir que ceux qu'on aime ne vous écoutent pas!

TOFANO FILS

Mon Dieu! ne dirait-on pas que je suis un grand coupable?

TOFANO PÈRE

Voyons, prouve-moi que je ne prêche pas dans le désert... Recommençons!

TOFANO FILS

Recommençons!

TOFANO PÈRE

Mets-toi là... Bon!... Redis-moi, comme tout à l'heure, mais mieux : « *Vôlez-vous joër avé moi?*

TOFANO FILS

« Vôlez-vous joër avé moi? »

TOFANO PÈRE

Soigne donc l'accent, sapristi! Enfin!... Je m'approche... là... je te donne la main...

tu me fais tourner sur moi-même, et tu m'envoies un coup de pied.

TOFANO FILS, *accomplissant ce qui lui est commandé, envoie, après quelques grimaces, un fort coup de pied à son père, qui s'étale de tout son long.*

Voilà... Est-ce ça ?

TOFANO PÈRE, *se relevant*

Pas mal ! mais je voudrais plus de feu... plus de rapidité aussi. Rends-toi bien compte qu'un clown qui a l'air d'hésiter ne fera jamais rien... Encore une fois ! (*Tofano fils recommence les plaisanteries consacrées et, de nouveau, allonge le coup de pied que lui fait étudier son père.*) Allons ! ça ira... Mais hier, au cirque, tu étais d'une mollesse !... Continuons ! (*Il feint de se frotter la partie du corps sur laquelle il est tombé, en poussant des gémissements burlesques.*) Là... tu ne dois pas me laisser le temps de me remettre... Tu me prends par la jambe droite... je perds l'équilibre, je m'étale... comme ça... Alors, tandis que tu me relèves par le fond de mon maillot et que je me retourne, tu me donnes cinq ou six gifles... C'est entendu ?

TOFANO FILS

Entendu ! (*Il exécute ce qui lui est ordonné et il envoie à son père une furieuse averse de coups de pied et de gifles.*)

TOFANO PÈRE

Plus fort, que diable !... Plus les gifles sont vivement envoyées, plus le public est content... Et puis, c'est l'art, ça !... Si tu m'avais vu, dans le temps, au cirque Bouthors !

Mme TOFANO, *personne énorme, en maillot de travail, entre, en jonglant, en sa qualité de « femme hercule », avec des poids monstrueux qu'elle manie le plus aisément du monde.*

Eh bien ! avez-vous terminé ?... Il est l'heure de déjeuner. (*A Tofano père.*) Et as-tu dit au petit que nous n'étions pas contents de lui ?

TOFANO PÈRE

Oui ; il m'a promis d'être plus zélé, désormais. (*Avec une affection attendrie, à son fils*) : N'est-ce pas, chenapan ? (*A sa femme*) : C'est qu'il irait loin, s'il voulait !

Mme TOFANO, *sans cesser de jongler, à son fils.*

Écoute ton père, va, mon garçon ! Le travail, il n'y a encore que ça de vrai, sais-tu !... Et puis, quand on a le respect de ses parents, ça porte bonheur, dans la vie !

Tofano père et fils se débarrassent de leur costume de travail. Mme Tofano dépose ses poids, qui font un bruit terrible, en tombant, et, machinalement, elle répète des saluts, en faisant des pirouettes, comme si elle revenait, après des applaudissements, sur l'arène du cirque.

TOFANO PÈRE *à son fils, très grave.*

Quand on a une sainte femme de mère comme celle-là, mon enfant, il ne faut pas être ingrat !

Il s'approche de Mme *Tofano, et, comme il est plus petit qu'elle, il se hisse sur la pointe de ses pieds pour la baiser au front, avec une émotion digne. Tofano fils, décidément touché, s'incline vaguement, devant le spectacle de cette édifiante harmonie conjugale. Tableau.*

II

A LA RETRAITE

Le jardin d'une maison de campagne, aux environs de Paris. Il fait un très beau temps d'été.

BEAUVAL, *en négligé homme qui n'a pas tout à fait renoncé à l'élégance, bien qu'il se doive appuyer sur une canne.*

Faisons-nous un tour de jardin, ma chère ?

Mme BEAUVAL, *en toilette féminine analogue; très fatiguée aussi.*

Volontiers... A l'âge que nous avons, on ne redoute plus le soleil... et je n'ai plus peur qu'il me gâte le teint.

BEAUVAL, *s'inclinant, par habitude de vieux beau.*

Les années n'ont pu le faire...

Mme BEAUVAL

Oh ! vous êtes d'une galanterie...

BEAUVAL

Oui, un joli galant de soixante ans. Bah ! nous avons des souvenirs pour nous consoler, vous et moi, et l'on n'a pas encore trop oublié nos noms, peut-être...

Mme BEAUVAL

C'est si loin !

BEAUVAL, *soupirant*

Hé oui !

Mme BEAUVAL

Vous y pensez encore, au théâtre ? Moi, il me semble que c'est si ancien... si ancien... que lorsque je revois mon portrait, vous savez, celui où je suis représentée en Valentine des *Huguenots*, je crois que je contemple seulement l'image d'une cantatrice célèbre, et je ne pense pas que cela a pu être moi !

BEAUVAL, *souriant*

J'ai à peu près cette impression pour ce qui me regarde, quand je songe au passé... Mais je ne l'avoue pas !

Mme BEAUVAL

Tous nos succès ne nous ont point empêché de vieillir, comme les autres !

BEAUVAL

Hélas, oui ! Et peut-être même un peu plus vite. Le fait est que tout cela est bien vanité, au fond. Qu'est-ce qu'il reste de nous, qui avons été un couple illustre, — nous pouvons bien le dire, entre nous? — Un souvenir ! Les Beauval ! Nos noms brillaient d'un bel éclat, sur une affiche !... Et puis, tout passe, et, tant que nos traits aient été reproduits par les journaux et les photographies, qui nous reconnaîtrait?... Après tout, avons-nous jamais été aussi heureux que maintenant, dans ce grand calme et dans cette intimité aimable, que nous n'avions eu guère le temps de goûter, tandis que nous étions au théâtre?

Mme BEAUVAL

Certes oui ! (*Regardant un rosier.*) Voyez donc, il a ses feuilles attaquées ; il faudra le dire au jardinier.

BEAUVAL

Diable ! notre plus belle espèce !... Oui, c'est très bon de n'avoir plus qu'à philosopher tranquillement... Pour moi, je me demande, encore, certes, que je n'aie pas eu à me plaindre, si je reprendrais cette carrière, si j'avais à recommencer ma vie... Se donner tant de peines, en résumé, pour ne rien laisser après soi !...

Mme BEAUVAL

Moi, je ne regrette rien... Il y a des artistes qui ne veulent pas vieillir, qui s'obstinent dans l'illusion d'une éternelle jeunesse... Je suis très aise d'avoir eu plus de raison... Ma foi, que voulez-vous ? place aux jeunes !

BEAUVAL

Mais oui, c'est la sagesse !... Savoir se plier à la vie, jouir du présent et ne pas se consumer, ensuite, en vaines plaintes, tout est là !... Qui nous eût dit, jadis, quand, dans la période de notre pleine renommée, nous unissions nos destinées, que nous serions si facilement résignés, un jour?

Mme BEAUVAL

Ah! notre mariage! Ce fut un événement, dans le temps! La Belloni (puisque j'avais pris ce nom) et Beauval, le ténor, tous deux également réputés, s'épousant!... Que de chroniques on écrivit sur notre compte!

BEAUVAL, *après un instant d'hésitation*

Ah! permettez, ma chère!... Je me pique d'être modeste, et tout à fait bonhomme, aujourd'hui..., mais votre « également réputés » n'est peut-être pas absolument exact... Vous devez vous rappeler que j'avais fait alors quelques créations plus éclatantes que les vôtres !

Mme BEAUVAL, *un peu piquée*

Oh! mon Dieu! je n'ai plus aucune vanité, mais, assurément, je vous valais!... Je revenais de Russie, où je n'avais eu que des triomphes !

BEAUVAL

Mais j'étais à l'Opéra, moi, et vous savez quelle situation j'y occupais.

Mme BEAUVAL

Pardon ! mais vous oubliez que j'avais refusé les offres qu'on m'y avait faites...

BEAUVAL

Avouez que vous n'y avez pris rang qu'à cause de moi, et que vous avez un peu profité de ma réputation.

Mme BEAUVAL

Êtes-vous bien sûr que je ne vous aie point aidé, au contraire, à vous maintenir longtemps?... Votre voix... votre très belle voix... avait déjà des défaillances...

BEAUVAL

Excusez-moi, ma chère, mais on ne jurait que par moi, et quel que fût votre talent...

Mme BEAUVAL

Il était bien à la hauteur du vôtre, je suppose! Vous avez toujours été jaloux, et, quand nous chantions ensemble, vous estimiez étrangement que les applaudissements n'étaient que pour vous...

BEAUVAL

J'avais peut-être mes raisons.

Mme BEAUVAL

Et moi, j'avais les miennes de penser qu'on ne faisait que vous supporter, par égard pour moi, s'il faut parler net.

BEAUVAL

Cela est trop fort! Dites tout de suite que j'étais usé, fini... Avec cela que vous n'aviez pas, parfois, des notes... aventureuses... Et vous n'avez jamais été bonne musicienne... Les répétiteurs avaient une rude tâche, avec vous!

Mme BEAUVAL

Vous n'avez jamais su vous tenir en scène...

Avec vos grands éclats de voix, qui faisaient peine, tant on sentait la fatigue, vous étiez ridicule, mon cher !

BEAUVAL

Vous n'avez jamais entendu ce qu'on disait de vous... Je suis trop courtois pour le répéter.

Mme BEAUVAL

Dites-le donc, je vous prie.

BEAUVAL

Si on n'avait tenu à moi, on n'aurait seulement pas renouvelé votre engagement !

Mme BEAUVAL

Vous ne savez donc pas que les abonnés ne se gênaient pas pour demander votre remplacement ?... Ce n'était pas sans raison qu'on vous trouvait commun, inintelligent, qu'on disait que vous n'aviez à votre disposition que quelques artifices pour dissimuler votre absence de moyens réels...

BEAUVAL, *furieux*

Je ne lançais pas ma note, ma fameuse note,

ma note légendaire, comme personne !... Mais vous, ma pauvre amie, vous souffliez, épuisée, rendue, dès le premier acte...

Mme BEAUVAL, *indignée*

Ah ! Ah !

BEAUVAL

Tenez, ma note, écoutez-la ! (*Il veut jeter une note, qui ne sort point, tandis que Mme Beauval, de son côté, tente vainement d'ébaucher une roulade, qui se termine piteusement. Cet échec leur rend leur sang-froid; ils se regardent, un peu confus, puis ils éclatent de rire.*).

Mme BEAUVAL, *un peu embarrassée*

Qu'est-ce que nous faisons là ?..... Heureusement, personne ne nous a entendus !

BEAUVAL, *de même*

Nous qui nous disions si philosophes !

Mme BEAUVAL

Si nous parlions d'autre chose, voulez-vous ?

Décidément, le théâtre, ça vous tient plus qu'on ne croit... Toutes les fois que nous abordons ce sujet, la conversation finit ainsi... Mettons que nous avons eu du génie, tous les deux...

BEAUVAL

Tous les deux... tous les deux. (*Avec une pitié dédaigneuse.*) Enfin... pour avoir la paix!

VII

LES HUMBLES DU THÉATRE

A M. François Coppée.

LE COPISTE

... Vers sept heures, au moment où le père Charles, le plus vieil employé de l'agence de copies dramatiques Ledoux, essuyait soigneusement sa plume, après avoir replacé son papier dans son pupitre, et se préparait, sa besogne faite, à s'en aller, le patron l'appela.

— Mon brave père Charles, lui dit-il expressivement, voilà une tuile qui nous tombe sur la tête !

— Qu'est-ce que c'est, monsieur Ledoux ? fit le père Charles, en homme que plus rien n'émeut et qui est, de longue date, résigné à tout.

— Je reçois de *** — et Ledoux prononça le nom d'un auteur connu — un manuscrit et un billet. Le billet réclame instamment la copie de cinq actes pour demain matin... C'est une grosse besogne, j'ai compté sur vous. Vous savez qu'on ne peut rien refuser à *** ?

— En vers ou en prose ? demanda le père Charles, fort indifférent au système littéraire de l'écrivain, mais supputant mentalement, avec son expérience, le temps nécessaire à ce travail.

— En prose.

— Tant mieux ! c'est moins long.

— Mais vous vous rappelez que le Maître, — Ledoux a coutume de traiter avec déférence *ses* auteurs — est difficile et n'admet pas la moindre erreur... Les indications scéniques à l'encre rouge... et votre plus belle ronde, n'est-ce pas ?

— On fera de son mieux, dit le copiste.

— C'est la nuit à passer.

— Oh ! une de plus ou de moins !

— Alors, allez dîner et revenez vite... Vous serez seul, ce soir, dans le bureau... Éteignez bien le gaz au petit jour... Bon courage !

Et Ledoux, de son air important d'homme qui connaît les secrets de nos auteurs, fit quelques recommandations particulières à son employé. *** avait des manies auxquelles il fallait se conformer.

— Laissez bien une marge très large, n'est-ce pas ?... et de la place, entre chaque scène, pour les *béquets* qu'il ajoutera...

Le père Charles n'eut pas, à la pensée de cette corvée imprévue, la moindre protestation. Le bonhomme était habitué à obéir, comme au temps où il était au service, comptable de la marine. Il avait bien un projet pour sa soirée, une visite à un vieux camarade des colonies, avec lequel il évoquait, de temps en temps, dans un petit café de l'avenue des Ternes, les souvenirs d'autrefois. Mais quoi ! le devoir avant tout !

Il se rendit dans une petite crèmerie de la

rue Milton, où était établie l'agence, et il expédia rapidement l'ordinaire. Puis il se fit donner du café dans une bouteille, pour éloigner les tentations d'assoupissement, rentra dans le bureau et s'assit devant son pupitre, après avoir jeté un coup d'œil sur le manuscrit qui, surchargé de ratures, était d'un aspect assez rébarbatif ; mais le père Charles connaissait bien l'écriture de ***. En sa qualité d'homme de confiance de la maison, dont la discrétion était à toute épreuve, c'était toujours lui qui copiait ses pièces.

Il alluma sa pipe, sucra, avec deux morceaux de sucre qu'il tira de sa poche, le café, en but une gorgée pour se donner du cœur, essaya sa plume sur son ongle, disposa près de lui l'encre rouge, pour souligner les jeux de scène, et, s'exhortant lui-même, dit à haute voix :

— Allons, père Charles, à l'ouvrage !

La pièce où il se trouvait n'était pas bien gaie, avec ses cartons presque administratifs, qu'éclairait la lueur du gaz. Je ne sais pourquoi, ce soir-là, elle lui parut particulièrement mélancolique mais il ne s'agissait pas de perdre le temps en réflexions sur l'incommodité de son installation ! Il attaqua bravement les noms des personnages, en laissant la place pour l'indication des futurs interprètes :

Le comte de Gratz... ....
Edme Férion........ ....
Fléchelles.......... ....

Etc., etc.

Il y en avait une kyrielle, de ces personnages ! Puis ce fut la mention qui suivait :

La scène se passe de nos jours ; le premier acte chez le comte...

Ah ! mon Dieu ! cela lui était bien égal, l'endroit où se passait la scène ! Il était blasé sur tout cela ! D'ailleurs il n'était pas curieux, et il pouvait bien dire, lui, quand il avait achevé sa tâche : « J'ai copié, je n'ai pas lu ! »

Il arriva assez rondement à la fin du premier acte, sans penser à rien, comme c'était son habitude, et il eût été, en effet, incapable de raconter ce qui formait l'intrigue. Ce n'était pas son affaire, n'est-ce pas ?

Il faisait très chaud, sous le gaz. Dès le milieu du second acte, il se sentit envahi par une singulière torpeur. Il avait travaillé toute la journée, il était très las ! Une sorte de découragement lui vint, à lui qui ne boudait pas devant la besogne, en présence des monceaux de feuillets qu'il avait à copier.

— Eh bien ! fit-il, mécontent de lui, qu'est-ce que j'ai ?

Il but un peu de café et se remit à l'œuvre, s'appliquant à mouler ses lettres avec un grand soin. Qu'est-ce que c'était que cette paresse imprévue qui le prenait lâchement, lui qui était fidèle au poste, comme au temps où il exécutait sa consigne ?

Il réussit à abattre l'acte, sans défaillance, et, pour se donner un moment de repos, il se mit à coudre les deux premiers cahiers, sous leur enveloppe de papier bleu, dans un coin de laquelle il colla l'étiquette de l'agence.

— Allons, hô ! fit-il, attaquons le *trois* !

Il était déjà plus de minuit, car c'est long, la copie d'une pièce ! Un profond silence régnait autour de lui. Tous les bruits de la rue s'étaient tus, et ayant un peu froid, maintenant, il avait fermé la fenêtre.

— Je suis une jolie ganache, tout de même, aujourd'hui, murmura-t-il; ce n'est pourtant pas la première nuit que je passe ! Qu'est-ce que c'est que cette veulerie qui me prend?

Il se leva et fit quelques pas dans le bureau, pour se dégourdir les jambes, mais il n'y avait pas moyen de prendre beaucoup de mouvement. Et puis il éprouvait une lassitude singulière. Le café, cette fois, n'avait aucune action sur lui.

Il pensa : « Si je faisais un petit somme, là, la tête appuyée sur les bras ? »

Mais le sentiment de sa responsabilité lui revint. On comptait sur cette copie dans la matinée. Jamais l'agence n'avait manqué de parole. Il y allait donc de son honneur que tout fût prêt à l'heure.

Il s'était habitué à considérer Ledoux comme

un capitaine dont les ordres étaient sacrés. Il triompha de nouveau, un moment, de sa fatigue, et il aborda le troisième acte :

Un salon, chez Fléchelles. Ameublement de campagne très élégant. Au fond, au milieu, une fenêtre à glace sans tain et un piano entre deux portes qui ouvrent sur le jardin. A gauche, premier plan, une console surmontée d'une glace; deuxième plan, une porte d'appartement. A droite, premier plan...

Il alla, d'abord, il alla. La plume courait sur le papier, ayant repris quelque rapidité. Puis un feuillet du manuscrit tomba à terre, il le ramassa, et ce temps d'arrêt lui fit perdre, tout à coup, son entrain reconquis. Il n'y avait plus de café dans la bouteille, où il buvait à même. Il avait une crampe dans les doigts... Eh bien! qu'est-ce qui lui arrivait, pour la première fois? Il se mettait à lire le manuscrit, s'attachant au sens des phrases, au lieu d'en suivre seulement les mots!...

Oui, et ce qu'il lisait l'intéressait, lui qui n'avait jamais fait attention au texte. Invinciblement, il tournait les feuillets d'avance, et avait hâte de connaître la suite.

C'était une scène d'amour, très passionnée, où le héros de la pièce, faisant à l'héroïne une chaude déclaration, lui contait son histoire, lui disait combien il avait souffert, et quel droit il avait au bonheur; et il peignait sa vie triste, passée dans la détresse d'un lourd isolement, sans aucune affection tutélaire, et sans but, jusqu'à l'heure où il l'avait rencontrée...

Quelle apparence y avait-il d'une ressemblance entre un personnage un peu à panache, d'un romantisme attardé même, peut-être, et un vieux copiste? Mais, dans l'espèce de rêve qu'il suivait, le père Charles, lui, l'homme le moins imaginatif du monde, établissait quelque analogie entre son sort et celui de ce jeune premier fatal.

Eh! mon Dieu! lui aussi, il avait été un isolé; lui aussi, il n'avait eu qu'une existence vide, oh, si vide! sans qu'il eût pu jamais assouvir la soif de tendresse qu'il avait eue jadis, alors qu'il n'était pas une vieille bête, comme à présent, si bien façonnée à la discipline et à l'obéissance qu'il ne lui venait plus jamais l'idée de raisonner.

Lui aussi, il avait été pauvre, toujours pauvre, confiné dans ses humbles fonctions de gratte-papier, envoyé ici et là, au hasard, sans qu'il lui fût permis d'exprimer ses désirs ou ses répugnances. Et il cherchait désespérément quel intérêt avait jamais eu le long défilé de ses jours inutiles... Non, non, aucun événement qui lui laissât un souvenir attendri ou ému!

Il se revoyait, enfant, élevé par charité par un parent éloigné qui lui faisait sentir durement qu'il n'avait aucun droit au pain qu'il mangeait. « Par charité! » Un mot qui n'était guère juste, dans la circonstance! Puis il était entré dans une étude d'huissier, honteux de la tâche qu'il avait à accomplir, et si minable dans ses habits rapés! Et c'était, ensuite, le tirage au sort, avec la malechance qui persistait, son numéro étant si bas qu'il l'envoyait, lui né en plein Centre, dans la marine. Oh! les durs premiers temps, jusqu'à ce que l'habitude eût triomphé de ses terreurs instinctives, de ses souffrances physiques ! Sa belle écriture — le seul talent qu'il eût — l'avait fait placer dans les bureaux, et à l'expiration de son congé, ayant peur de la vie, ne sachant que faire, il avait, par défiance de lui-même, continué volontairement ce métier, expédié brusquement, sur un ordre qui arrivait, en des colonies perdues, au diable, d'où un nouvel ordre, sans qu'il sût pourquoi, le rappelait. Et dans ce perpétuel ballottement, dans ce va-et-vient éternel, nulle amitié ne se pouvait former, d'une façon durable. Oui, pas même l'amitié !

Cela avait duré ainsi trente années — trente années qui lui apparaissaient si lamentables, sans aventures, sans autre incident que la perte de ses pauvres économies d'humble employé, pour avoir été, dans son honnêteté naïve, dupe d'un homme d'affaires véreux, de sorte qu'il était forcé de travailler encore, trop heureux d'avoir trouvé cet emploi infime de copiste.

Son cœur, cependant, aurait voulu parler,

autrefois ; mais gauche, timide, craintif, de qui se serait-il fait écouter? Il avait été accueilli avec des railleries quand il avait tenté, prenant son courage à deux mains, d'exprimer ce qu'il ressentait. Et peu à peu il s'était résigné, il s'était renfermé en lui-même, il avait compris qu'il était de ceux qui ne seront jamais aimés, que les femmes dédaigneront toujours. Oh! avec quelles délicatesses il aurait chéri, pourtant, celle qui aurait bien voulu lui accorder un peu d'affection! Là-bas, une fois, à la Guyane, il s'était rabattu sur une négresse, qu'il traitait avec une sorte de respect, qui était comique dans son ingénuité. Positivement, il avait voulu l'épouser! Mais elle s'était moquée de lui, la créature, comme les autres, le dépouillant cyniquement, le laissant pour longtemps dans une situation embarrassée, dont ses chefs lui tenaient rigueur.

Et il avait vieilli, il était devenu un bonhomme très doux, très effacé, un peu ridicule, et de la bonté duquel on abusait, s'ennuyant à ce point, dans sa petite chambre toute nue, qu'il acceptait la besogne supplémentaire presque avec de la reconnaissance.

De beaux plaisirs que les siens! Une partie de cartes, au café, avec un ancien collègue retrouvé par hasard, qu'il voyait régulièrement, — bien que celui-ci trichât, pour lui faire payer les consommations, — par besoin de rompre sa solitude. Oh! les mornes conversations, toujours les mêmes, à rappeler, non le pittoresque d'une contrée lointaine, mais la disposition du bureau qu'on y habitait, à discuter sur la meilleure façon de dresser un état ou sur d'autres questions de comptabilité!

— « *Ce que fut ma vie, Madame, avant ce jour? Un combat sans espoir, une marche harassante dans le néant, la traversée d'un désert!* »

Ainsi s'exprimait, un peu lyriquement, et même prétentieusement, le personnage de la pièce. Et ces mots semblaient si bien peindre sa situation, à lui, que le père Charles, dans cette songerie douloureuse où il se perdait, serrant la plume entre ses doigts, sans penser à écrire, sentit son cœur se fondre, avec un navrement de tout son être. Oh! que cela était poignant, une destinée comme la sienne! « Une marche harassante dans le néant! » Oui, ç'avait bien été son lot. Seulement, lui, jamais, jamais, il ne pourrait avouer à personne ce qu'il avait souffert de son isolement, jamais il ne trouverait une âme compatissante pour le plaindre. Il était trop vieux, et il mourrait, dans son coin, tout seul, comme il avait vécu.

Et il eut une telle épouvante, tout à coup, de son passé stérile, de son existence manquée, que, lui qui n'avait jamais eu ces faiblesses, il éclata en sanglots, comme un petit enfant, dans la nuit silencieuse, et une grosse larme roula sur le papier, faisant une large tache sur une des pages qu'il avait déjà copiées.

Elle s'étalait, énorme, sur l'encre séchée, qu'elle mouilla, la pâlissant, gâtant les lignes tracées d'une si belle main... Un désastre!

Cet accident rendit tout à coup au père Charles son sang-froid. L'honneur professionnel se réveillait en lui. Eh bien, qu'allait-on dire? Lui dont la netteté était réputée dans l'agence, lui dont l'application était légendaire !

Alors il ne pensa plus qu'aux moyens de l'effacer bien vite, cette larme malencontreuse. Il prit du papier buvard, il chercha dans son tiroir le meilleur de ses grattoirs, il appela à lui toutes ses ressources d'habileté, et il fit si bien que la tache ne se pouvait plus soupçonner.

Il respira ! Et quoi ! Où avait-il eu la tête ? Qu'est-ce que cela signifiait, cette mélancolie ? Est-ce qu'il avait le droit de dérober en chimériques rêveries le temps qu'il devait à son patron ? Il avait une grande honte de lui-même, le pauvre père Charles, en constatant que l'aiguille de la pendule avait diablement marché, durant qu'il s'arrêtait à ces sornettes. Avait-on jamais vu ! Voilà qu'il lisait les pièces qu'il copiait, maintenant !

Il éprouvait de véritables remords, comme d'une faute commise. Mais, en se pressant un peu plus, on pouvait encore arriver. Il trempa sa plume dans l'encrier et se courba sur la besogne.

Au petit jour, les yeux un peu fatigués, la main un peu engourdie, mais très calme maintenant, il écrivait, au bas de la dernière scène du manuscrit, le mot « fin », en belle ronde.

FIN

TABLE DES MATIÈRES

I. — Les doyens du théatre français.......	3
Antoine de Monchrestien............	3
Alexandre Hardy................	20
Une « montre » de la Compagnie des Sots.	47
II. — Le théatre russe................	59
Pisemsky..................	76
Une comédie de Tolstoï............	92
III. — En Allemagne..................	103
Le Faust de Lenau................	103
Un drame allemand sur la Révolution.	114
IV. — Comédiens et comédiennes............	131
Une victime du Théâtre au xviiie siècle.	131
L'Andreïni	143
Mlle Sainval.................	154
V. — Autour du théatre..	165
Mme de Beaumarchais...............	165
Le Théâtre et la Chasse...........	184
M. Arsène Houssaye...............	195
Les Mémoires d'un auteur dramatique..	214
VI. — Intimités théatrales.............	233
L'Education paternelle.............	233
A la retraite...............	244
VII. — Les humbles du théatre.............	255
Le Copiste......................	255

www.ingramcontent.com/pod-product-compliance
Lightning Source LLC
Chambersburg PA
CBHW071041240526
45471CB00014B/181